Konrad Paul Liessmann

Lob der Grenze

Kritik der politischen
Unterscheidungskraft

Paul Zsolnay Verlag

3 4 5 16 15

ISBN 978-3-552-05583-4
Alle Rechte vorbehalten
© Paul Zsolnay Verlag Wien 2012
Satz: Eva Kaltenbrunner-Dorfinger, Wien
Druck und Bindung: CPI – Ebner & Spiegel, Ulm
Printed in Germany

MIX
Papier aus verantwortungs-
vollen Quellen
FSC® C083411

Inhalt

Vorwort

Krínein: wie zu unterscheiden sei

Vom deutschen Philosophen Georg Wilhelm Friedrich Hegel stammt die sinnige Bemerkung, dass man erst dann weiß, wann etwas begonnen hat, wenn es zu Ende ist. Die Menschen, die den Schwarzen Freitag des Jahres 1929 erlebten, wussten nicht, dass dies der Beginn eines der furchtbarsten Kapitel der neueren Geschichte war. Die Menschen, die im Jahre 2008 den Zusammenbruch traditionsreicher Banken und Automobilhersteller erlebten, wissen noch immer nicht, welche Seite im Buch der Geschichte damit aufgeschlagen wurde. Erst im Rückblick werden wir erkennen, ob überhaupt und in welcher Krise wir uns am Ende des ersten Jahrzehnts des 21. Jahrhunderts befunden haben.

Diese Überlegung ist keine unnötige geschichtsphilosophische Spekulation. Denn sie zeigt, dass die Einschätzung der Lage und, davon abhängig, die Frage, was zu tun sei, selbst in hohem Maße Spekulation sind. Wann ist eine Krise eine Krise? Wenn die Börsenkurse abstürzen? Wenn das Wirtschaftswachstum zurückgeht? Wenn die Inflation steigt? Wenn die Arbeitslosenrate zunimmt? Wenn in Umfragen Angst und Zorn bekundet werden? Oder ist eine Krise erst eine Krise, wenn es politische Radikalisierung, Massendemonstrationen, Barrikaden, Streiks, Plünderungen, brennende Stadtviertel gibt? Weil wir keine verlässlichen Indikatoren haben, um das Ausmaß und den Charakter der Krise festzustellen, haben wir auch keine wirklich plausiblen Theorien über die Ursachen dieser Krise. Insofern bietet die Krise tatsächlich jedem eine Chance: Jeder kann die Ursache dort sehen, wo es ihm gerade beliebt. Der unregulierte Finanzsektor, die Gier der Manager, die Gier der kleinen Anleger, die faulen Kredite der Amerikaner, der Kasinokapitalismus, eine falsche Industriepolitik, zu viel oder zu wenig Staat, zu viel oder zu wenig privat, das Versagen der Märkte oder der Eingriff in diese: Die Liste ließe sich fortsetzen und spiegelte doch nur die Interessen derjenigen wider, die sich mit der einen oder anderen Vermutung dazu äußern. Sollte diese Krise tatsächlich gravierende soziale und politische Folgen haben, wird man noch in Jahrzehnten darüber streiten, was nun die tieferen Ursachen und die eigentlichen Auslöser waren; sollte diese Krise nach einer kurzen Rezession wieder zu einer Erholung der Wirtschaft und zur Fortsetzung des Üblichen führen, wird sie nicht viel mehr als eine Fußnote für die Diskurse der Zukunft abgeben.

Eine Krise, so legt es die Etymologie dieses Wortes nahe, ist eine Phase, in der sich die Dinge scheiden. Das griechische Verb *krínein* bedeutet trennen oder unterscheiden, die davon abgeleitete *kritikē téchnē*, die Kritik, bezeichnet die Kunst der Beurteilung, die auf der Fähigkeit beruht, zu unterscheiden und Unterschiede zu erkennen. Kritik und Krise stammen aus derselben sprachlichen Wurzel, und sie markieren Grenzen. Nur während wir in der Kritik Unterscheidungen vornehmen, werden wir in der Krise von Unterscheidungen getroffen. Krise ist vorab ein Synonym für Differenzerfahrungen. Es ändert sich etwas, und es steht zu erwarten, dass nachher nichts mehr so sein wird wie vorher.

Was hat sich also so verändert, dass wir von einer Krise sprechen müssen? An welchen Kriterien lässt sich jene Grenze festlegen, die die Krise vom Normalzustand trennt? Wann sind jene kritischen Zustände erreicht, die etwas kippen lassen? Konjunkturzyklen und damit verbundene steigende oder sinkende Zahlen von Arbeitslosen, platzende Spekulationsblasen, das Auf und Ab an den Börsen, Insolvenzen und Neugründungen von Unternehmen, stagnierende oder sinkende Wachstumsraten: All das gehört zum Alltag des Kapitalismus. Früher sagte man gerne, dass der Kapitalismus prinzipiell krisenanfällig sei, ja geradezu von diesen krisenhaften Zyklen lebe. So gesehen wäre die Krise des Kapitalismus keine Krise, sondern seine Normalität. In den letzten Jahren haben wir uns aber gerne einreden lassen, dass es gelungen sei, dieser Krisenanfälligkeit Herr zu werden, und dass die Normalität des Kapitalismus nun ein ständiges Wachstum sei, von dem alle, die einen mehr und schneller, die anderen langsamer und weniger, profitierten. Kaum einer der renommierten Wirtschafts-, Trend- und Zukunftsforscher hatte deshalb auch diese Krise kommen sehen. Sie gehörte nicht mehr zum Bild unserer Welt. Es mangelte den modernen Auguren an Urteilskraft; anders formuliert: an Unterscheidungskraft. Man könnte also auch sagen: Was jetzt geschieht, ist die Rückkehr zu einer vergessenen Normalität. Und diese erleben wir paradoxerweise als Krise.

Diese Rückkehr zur Normalität zeigt sich in vielen Bereichen der Gesellschaft. Krisen, wenn es welche sind, holen die Fiktionen und Illusionen einer Gesellschaft zurück auf den Boden der Realität. Dafür muss man den Blick schärfen. Jetzt zeigt sich: Ohne Staat, das heißt ohne politische Entscheidungen, geht nichts. Egal, was man den Märkten alles zutraut und wie man die Ursachen der Krise definiert: Dass der Ausweg nur über staatliche Interventionen, Garantien und Bürgschaften führen kann, war bald klar. Wie schnell sich allerdings die ehemaligen Propagandisten der freien Märkte nun bei dem lange lächerlich gemachten Staat um Aushilfszahlungen, ja sogar um Teilverstaatlichungen anstellten, ist einigermaßen verdächtig. Wer so schnell seine Gesinnung ändert, hatte offenbar gar keine – oder er ändert sie gar nicht, sondern holt sich nur, wo es etwas zu holen gibt. Die beliebte These, dass nun der Staat – also die verpönte öffentliche Hand – einspringen soll, um zu retten, was zu retten ist, um dann, wenn die Krise vorbei ist, sich vornehm und ausgeblutet zurückzuziehen, um dem privaten Gewinnstreben wieder das Feld zu überlassen, ist nicht nur ein wenig frivol, sondern zeugt vor allem davon, dass wir von einer wirklichen Renaissance des Politischen und der politischen Unterscheidungs- und Entscheidungskraft sowie einer damit verbundenen Neutralisierung des Primats der Ökonomie noch weit entfernt sind. Eher drängt sich manchmal die Vermutung auf, dass die Krise bewusst auch beschworen wurde, um mit ihrer Hilfe das zu bekommen, was ohne Krise nur schwer möglich gewesen wäre. Erst jetzt sind sogenannte schmerzhafte Einschnitte kein Problem mehr, denn wer wollte in einer schweren Krise noch überzogene Forderungen stellen? Natürlich hat jede Krise disziplinierende Wirkung, und manche Rede zur Krise, vor allem die rituell gewordenen Aufrufe zum Sparen, kann ihre Nähe zur barocken Predigt auch nicht verleugnen.

Die Rückkehr zur Normalität zeigt sich aber auch darin, dass auch die virtuelle Ökonomie hart auf die Realität geprallt ist. Es ist noch immer die Irritation der Realwirtschaft und dort in erster Linie die klassische industrielle Produktion, die den Maßstab für die Tiefe der Krise abgibt und wo auch die schärfsten sozialen Auswirkungen zu spüren sind. Von der Wissensgesellschaft sind wir in der Krise weiter entfernt denn je; und wäre es nicht so traurig, dann könnte man auch darüber staunen, dass gerade auch von Unternehmerseite, die sich ja schon ständig in der Zukunft wähnte, nun Krisenbewältigungsvorschläge kommen, die ganz an den frühkapitalistischen Verhältnissen des 19. Jahrhunderts orientiert sind: Lohnverzicht und Arbeitszeitverlängerung, bei gleichzeitiger realer Kurzarbeit und tendenzieller Massenarbeitslosigkeit. Es mag schon stimmen, dass nur durch solche Maßnahmen kurz- oder mittelfristig die Wirtschaft wieder in Schwung kommen kann; aber man muss das weder ein zukunftsorientiertes Konzept noch eine

10

postindustrielle Gesellschaft nennen. Auch hier gilt es, zu unterscheiden und eine scharfe Grenze zwischen wohltönender Rhetorik und den Lebenswirklichkeiten zu ziehen.

Auf den Boden der Realität zurückgeholt wurde auch die gesamte Leitbildideologie der letzten Jahre. Galten bis vor kurzem der Manager und das Unternehmen noch so sehr als Modelle für alle Lebensbereiche, dass Professoren zu Wissensmanagern und Museumsdirektoren zu CEOs avancierten und man nicht nur öffentliche Institutionen, Bildungseinrichtungen, Krankenhäuser und Kirchen, sondern die *res publica* insgesamt am liebsten als Unternehmen gesehen hätte, das nach betriebswirtschaftlichen Gesichtspunkten gewinnorientiert zu führen war, sind diese Denkmuster nun einigermaßen ramponiert. Galt vor kurzem der Satz »In der Privatwirtschaft wäre dies nicht möglich« als schlechterdings unwiderlegbares universales Argument, weiß man mittlerweile, was in der Privatwirtschaft so alles möglich ist. Das bedeutet nicht, dass man zu alten, antiquierten Leitbildern bürokratischer Herrschaft zurückkehren muss; aber die Einsicht, dass es für verschiedene Tätigkeiten auch verschiedene Anforderungen gibt, die nicht alle im Modell des Managers oder Unternehmens Platz haben, könnte die Krise schon mit sich bringen. Und angesichts dessen, was in letzter Zeit an Spitzenmanagern, Lobbyisten und Beratern zu sehen war, gewinnt das Bild des unbestechlichen Beamten doch wieder an Charme.

Die Unsicherheit, wie wir die Gegenwart verstehen sollen, drückt sich in letzter Instanz aber in unserem Verhalten aus. Würde diese Krise tatsächlich an die Wurzeln unseres Systems reichen – was noch nicht ausgeschlossen werden kann –, müssten wir versuchen, mit einer prinzipiellen Kritik des Kapitalismus darauf zu reagieren. Die Geschichte hat uns aber in dieser Hinsicht die Hände gebunden. Die furchtbaren Erfahrungen, die die Menschheit mit allen Versuchen, den Kapitalismus zu

überwinden, gemacht hat, erlauben es uns nicht mehr, blau-
äugig an einer großen Alternative zu basteln, obwohl sie natürlich denkmöglich wäre. Der Kapitalismus ist kein Naturge-
setz, auch wenn das manche seiner Apologeten gerne so sähen,
und sich wegen des Scheiterns realsozialistischer Experimente
die Lektüre von Marx zu verbieten, ist nicht besonders klug.
Aber am historischen Horizont zeichnet sich keine Perspektive
einer Überwindung des Kapitalismus ab. Realistischer wäre
unter der Annahme einer fundamentalen Systemkrise der Versuch, jene Balancen zwischen privaten Interessen und öffent-
lichem Wohl, zwischen Markt und Staat, zwischen individueller Freiheit und sozialer Sicherheit, zwischen schrankenloser
Gier und verantwortungsbewusster Mäßigung wiederzufinden
oder überhaupt erst herzustellen, an denen es offenbar man-
gelt. Dazu aber gehört auch ein Bewusstsein von Grenzen und
von Differenzen, von Unterschieden und ihrer Bedeutung jenseits aller Moral.

Unterscheidungen zu treffen, wird einer Zeit schwer, die
sich prinzipiell davor scheut, überhaupt noch Unterscheidungen im Denken zuzulassen – denn unterscheiden bedeutet aus-
schließen, und das behagt der aktuellen Inklusionsrhetorik wenig. Grenzen zu ziehen, sei es in der Wirklichkeit, sei es im
Denken, gilt als unfein. Der Zeitgeist will Grenzen überschreiten, beseitigen, aufheben, zum Verschwinden bringen. Er
täuscht sich damit allerdings über die Funktion und Möglichkeiten von Grenzen ebenso wie über die Bedeutung, die diese
für die Analyse und Bewältigung von Krisen einnehmen müssen. Aber auch derjenige, der aus guten Gründen Grenzen zum
Verschwinden bringen will, müsste das Lob der Grenze singen,
denn nur diese signalisiert ihm, was die Grenze einst schied
und was nun offenbar hinfällig geworden ist. Es lohnt sich deshalb, einmal darüber nachzudenken, wie alles begann, wann,
wo und warum erste Grenzen gezogen werden müssen, wann

und unter welchen Bedingungen Grenzen aufgehoben oder überschritten werden können, wer durch Grenzen ausgeschlossen, aber unter Umständen auch geschützt werden kann, entlang welcher Bruchlinien im Denken und in der Wirklichkeit die Grenzen unserer Tage verlaufen, wo, im Kleinen wie im Großen, in einer Stadt und in Europa, in der Gegenwart und in der Zukunft Grenzen virulent sind und wann wir an äußerste Grenzen stoßen, die, weil unüberschreitbar, keine Grenzen mehr sind.

Am Anfang

An der Grenze zwischen Sein und Nichts

Am Anfang, so viel steht fest, schuf Gott Himmel und Erde. Jeder, der in einer christlichen Kultur sozialisiert wurde, lernte an diesem Satz, was es heißt, überhaupt anzufangen. Denn dieser Anfang, so kündet der Mythos, ist der Anfang schlechthin, der Anfang allen Anfangens, der Anfang, vor dem es keinen anderen Anfang gab. Es ist der absolute Anfang. Mit diesem Anfang aber schuf Gott auch die Grenze – nein: die Grenzen. Denn schon der Schöpfungsakt zieht einerseits die Grenze zwischen Himmel und Erde, andererseits aber die Grenze zwischen Nichts und Sein. Nach dem Anfang ist alles anders. Was aber war vor diesem Anfang? Was tat Gott eigentlich, bevor er Himmel und Erde schuf?

Diese etwas ketzerische Frage stellte sich niemand Geringerer als Aurelius Augustinus, und er versucht erst gar nicht, die paradoxe Problemkonstellation, die mit dieser Frage verbunden ist, zu beschönigen: »Ich gebe nicht die Antwort, die einst jemand gegeben haben soll, der mit einem Scherz dieser drängenden Frage auswich: [Gott] machte Höllen für die, die solche Geheimnisse ergründen wollen. Doch Witze helfen nicht zum Wissen. Nein, diese Antwort gebe ich nicht, denn lieber würde ich antworten: Was ich nicht weiß, weiß ich nicht, als dass ich den verspottete, der Geheimnisse ergründen will, und für verkehrte Antworten mich loben ließe. Aber ich sage: Du, unser Gott, bist Schöpfer alle Kreatur, und wenn die Worte Himmel und Erde ein Inbegriff aller Kreatur sind, sage ich getrost: Ehe Gott Himmel und Erde machte, machte er nichts.«[1]

Das Nichts, das Gott machte, ist ernst zu nehmen. Wo nichts gemacht wird, ist auch Nichts. Damit hat Augustinus eine erste Antwort auf die Frage nach der Zeit gegeben. Nämlich: Die Zeit ist kein ewiges Prinzip, die Zeit ist Moment, Ausdruck und Resultat der Schöpfung. Es gibt keine Schöpfung in der Zeit, sondern nur eine Schöpfung der Zeit, vor der Schöpfung hat Gott also nichts gemacht, weil die Frage nach einem Davor sinnlos ist. Vorher war nichts, weil ohne Zeit die Frage nach einem Davor oder Danach gegenstandslos ist. Es war buchstäblich nichts; es wurde erst etwas, als geschaffen worden war – dann aber entstand eines nach dem anderen. Mit der Schöpfung wurde auch Zeit geschaffen. Modern gesagt: Die Zeit ist selbst eine Funktion des Universums. Die Frage, was war *vor* dem Urknall, ist genau so unsinnig wie die Frage, was tat Gott, bevor er Himmel und Erde schuf, denn vor dem Urknall, der »Schöpfung«, hat es, so zumindest eine kosmologische Theorie, keine Zeit gegeben. Es gab, so Augustinus, kein *Davor*, sondern das, was vorher war, war *Ewigkeit*: Augustinus bestimmt Ewigkeit nicht als unendliche Zeitdauer, sondern als das Außerhalb-von-Zeit-Sein. Ewigkeit ist das Zeitlose, das Nicht-Zeitliche, deshalb das nicht zu Verzeitlichende.

Der Anfang konstituiert die Zeit. Mit der Zeit aber werden jene elementaren Grenzen konstituiert, die es uns erlauben, ein Jetzt, ein Davor und ein Danach zu unterscheiden. Erst wenn angefangen wurde, kann es weitergehen. Und es ging weiter, indem neue Unterschiede und damit Grenzen gesetzt wurden: Sonne und Mond, Adam und Eva, Tier und Mensch, Kain und Abel. Und jeder dieser Unterschiede bestimmt sich dadurch, dass der eine nicht der andere ist. Die Grenze dazwischen kann sehr weiträumig gedacht sein wie bei Sonne und Mond, sie kann auch sehr eng sein wie bei Adam und Eva, und sie kann in einer fatalen Weise auch überschritten werden wie bei Kain und Abel.

Betrachtet man die Ereignisse in der Zeit als Differenz, hervorgerufen durch die Zeit, landet man als erster Ursache immer beim absoluten Anfang. Ohne Schöpfung, ohne Urknall gäbe es uns nicht, nicht die Guten und nicht die Bösen. Aber was heißt es überhaupt, mit etwas zu beginnen? Und wann beginnt etwas? Und vor allem: Warum beginnt etwas? Was bedeutet es, eine Grenze zwischen Sein und Nichts, und damit den Unterschied schlechthin zu setzen?

Bei Augustinus, Hannah Arendt hat darauf aufmerksam gemacht, findet sich auch folgender Satz: »[Initium] ergo ut esset, creatus est homo, ante quem nullus fuit« – Damit ein Anfang sei, wurde der Mensch geschaffen, vor dem es niemand gab.[2] Der Anfang, so ließe sich der Gedanke komprimieren, wurde gemacht, damit ein Anfang sei. Arendt unterlegt diesem Gedanken eine streng anthropologische Deutung: Wer im Kontinuum einer Entwicklung unbewusst eingebunden ist, hat keinen Anfang und kann keinen Anfang machen. Der Mensch ist das einzige Wesen, das anfängt und deshalb anfangen kann. Einen Menschen zu schaffen, heißt, eine Welt zu schaffen, in der immer wieder – von neuem – angefangen werden kann. Das genau beschreibt Hannah Arendts Philosophie der Natalität, die als verschwiegener Gegenentwurf zu Martin Heideggers *Dasein zum Tode* entworfen worden war. Immer von neuem anfangen zu können, heißt aber: immer eine neue Differenz zu setzen. Denn das Neue wäre nicht, wenn es nicht den Unterschied zum Alten in sich trüge – oder zumindest behauptete.

Hannah Arendt unterschied in ihrem philosophischen Hauptwerk *Vita activa* drei Grundformen menschlicher Aktivität, die an entsprechende Überlegungen von Aristoteles anschließen: Arbeiten, Herstellen und Handeln. Diese »Grundtätigkeiten« und die ihnen entsprechenden Bedingungen sind nun nach Arendt nochmals mit der fundamentalen Bedingtheit der menschlichen Existenz verbunden: Geburt und Tod, Natalität und Mortalität: Alles *Bearbeiten* der Natur, alles *Herstellen* von Werkzeugen, Gegenständen und Bauwerken, alles

Handeln in einer Gemeinschaft von Menschen kann auch aufgefasst werden als Versuch, der Sterblichkeit etwas entgegenzusetzen: Die Arbeit »sichert das Am-Leben-Bleiben des Individuums und das Weiterleben der Gattung: das Herstellen
errichtet eine künstliche Welt, die von der Sterblichkeit der sie
Bewohnenden in gewissem Maße unabhängig ist und so ihrem
flüchtigen Dasein so etwas wie Bestand und Dauer entgegen-
hält; das Handeln schließlich, soweit es der Gründung und Er-
haltung politischer Gemeinwesen dient, schafft die Bedingungen für eine Kontinuität der Generationen, für Erinnerung
und damit für Geschichte.« Alle diese Tätigkeiten sind aber
auch an der Geburtlichkeit, der Natalität orientiert, »da sie immer auch die Aufgabe haben, für die Zukunft zu sorgen, bzw.
dafür, dass das Leben und die Welt dem ständigen Zufluss von
Neuankömmlingen, die als Fremdlinge in sie hineingeboren
werden, gewachsen und auf ihn vorbereitet bleibt«. Dabei allerdings, und dies ist eine entscheidende These von Arendt, ist
»das Handeln an die Grundbedingung der Natalität enger gebunden als Arbeiten und Herstellen«. Denn Handeln selbst ist
an die Möglichkeit, immer wieder einen Anfang setzen zu können, geknüpft: »Der Neubeginn, der mit jeder Geburt in die
Welt kommt, kann sich in der Welt nur darum zur Geltung
bringen, weil dem Neuankömmling die Fähigkeit zukommt,
selbst einen neuen Anfang zu machen, d. h. zu handeln.«[3] Wer
handelt, ergreift eine Initiative, er setzt ein initium, also einen
Anfang. Daraus schloss Hannah Arendt übrigens, dass die Natalität, die Geburtlichkeit, für die politische Tätigkeit, die das
Handeln schlechthin definiert, von entscheidender Bedeutung
sein müsste.

Natalität, Geburtlichkeit, bedeutet also nicht nur, in einem
biologischen Sinn geboren zu werden, auf die Welt zu kommen, sondern damit verbunden ist die Möglichkeit – und erst
dies unterscheidet das Arendt'sche Konzept der Natalität von

einer reinen Reproduktionstheorie –, immer von neuem zu beginnen, einen Anfang in einer Welt zu setzen, die immer schon angefangen hat. Arendt unterscheidet sich damit auch deutlich von allen Konzeptionen, die die Möglichkeiten eines Neuanfangs für das Individuum aufgrund der von ihm immer schon vorgefundenen, also schon begonnenen Welt eher geringschätzen. Die Konzeptionen eines milieutheoretisch begründeten Determinismus etwa, die dem Einzelnen nur die Fortsetzung der immer schon begonnenen Erfahrungen zutrauen, konterkarieren dieses Konzept von Natalität ebenso wie der einstmals berühmte Satz von Karl Marx, der lautet: »Die Menschen machen ihre eigene Geschichte, aber sie machen sie nicht aus freien Stücken, nicht unter selbstgewählten, sondern unter unmittelbar vorgefundenen, gegebenen und überlieferten Umständen [...] Die Tradition aller toten Geschlechter lastet wie ein Alp auf dem Gehirne der Lebenden.«[4] Demgegenüber setzt Hannah Arendt auf den Anfang als radikalen Neubeginn menschlicher Individualität und Einzigartigkeit, die wiederum die Möglichkeit des Anfangens voraussetzen.

Menschen, die nichts anderes tun, als das fortzusetzen, was die Vorfahren begonnen haben, bleiben in deren Bann, ohne Möglichkeit, das Eigene gegen das Vorgegebene zu setzen und sich durch diese Abgrenzung, also durch die Möglichkeit, selbst etwas zu beginnen, neu zu definieren. Die Faktizität der Geburt schafft wohl die Voraussetzung für solch einen Neubeginn, garantiert diesen aber noch nicht. Einen neuen Anfang kann nur jemand setzen, der sich vom Bisherigen distanziert, in Differenz zu diesem setzt, zwischen dem, was er sein will, und dem, was vor ihm war, eine scharfe Grenze zieht. Solch eine Abgrenzung vollzieht sich nach Arendt ausschließlich im Sprechen und Handeln: »Sprechen und Handeln sind die Tätigkeiten, in denen diese Einzigartigkeit sich darstellt. Sprechend und handelnd unterscheiden Menschen sich aktiv voneinander, anstatt lediglich verschieden zu sein; sie sind die Modi, in denen sich das Menschsein selbst offenbart.«[5] In dem Maße, in dem menschliches Leben schlechthin mit diesen Daseinsweisen des Sprechens und Handelns verbunden ist, ist das Immer-wieder-von-neuem-anfangen-Können Konstituens nicht nur des Individuums, sondern auch der Gemeinschaft.

Anfangen können wir nur in den kommunikativen Akten des Sprechens und in den Weisen des Handelns, die wir anderen Menschen gegenüber setzen. Wir können dadurch den Anfang, das heißt die Initiative ergreifen. Damit beziehen wir allerdings auch Stellung zu der Welt, in die wir hineingeboren wurden: »Sprechend und handelnd schalten wir uns in die Welt der Menschen ein, die existierte, bevor wir in sie geboren wurden, und diese Einschaltung ist wie eine zweite Geburt, in der wir die nackte Tatsache des Geborenseins bestätigen, gleichsam die Verantwortung dafür auf uns nehmen.« Damit ist aber das Prinzip des Anfangs aus seinem schöpfungstheologischen Kontext zu einem entscheidenden Moment menschlicher Existenz geworden: »Mit der Erschaffung des Menschen erschien das Prinzip des Anfangs, das bei der Schöpfung der Welt noch gleichsam in der Hand Gottes und damit außerhalb der Welt verblieb, in der Welt selbst und wird ihr immanent bleiben, solange es Menschen gibt; was natürlich letztlich nichts anderes sagen will, als dass die Erschaffung des Menschen als eines Jemands mit der Erschaffung der Freiheit zusammenfällt.«[6]

Wenn Anfangen nur aus Freiheit geschehen kann, dann bedeutet dies allerdings, dass Anfänge nicht kalkulierbar sind. Jede Geburt, jeder Neuanfang, jedes In-die-Welt-Kommen eines Menschen stellt ein Risiko dar. Wir wissen nicht, welchen Anfang das Angefangene setzen wird: »Es liegt in der Natur eines jeden Anfangs, dass er, von dem Gewesenen und Geschehenen her gesehen, schlechterdings unerwartet und unerrechenbar in die Welt bricht. Die Unvorhersehbarkeit des Ereignisses ist allen Anfängen und allen Ursprüngen inhärent [...] Der Neuanfang steht stets im Widerspruch zu statistisch erfassbaren Wahrscheinlichkeiten, er ist immer das unendlich Unwahrscheinliche.«[7] Hannah Arendt hat mit diesen Überlegungen auf einen Zusammenhang aufmerksam gemacht, der in der gegenwärtigen Innovationsideologie gerne unterschlagen wird: Der Neubeginn, die Möglichkeit des Anfangens, damit die Möglichkeit des Neuen, ist nicht nur höchst unwahrscheinlich, sondern auch nicht berechenbar. Innovation und Initiative können weder gelernt noch trainiert werden. Wohl sind sie Ausdruck der Conditio humana, aber als solcher auch Ausdruck einer Freiheit, die sich letztlich jedem steuernden Zugriff entzieht. Wäre das Neue planbar, wäre Innovation lernbar, wäre der Anfang kontrollierbar, dann handelte es sich eben gerade nicht um neue Anfänge, sondern um die Fortsetzung des Üblichen, vielleicht mit anderer Rhetorik.

So weit die anthropologische Ausdeutung des Anfangs bei Hannah Arendt. Entscheidend ist der damit supponierte Zusammenhang zwischen der Fähigkeit des Menschen, etwas anfangen zu können, und seiner Freiheit und Individualität. Ohne Freiheit kein Anfang und ohne Anfang keine unverwechselbare Identität. Der Alltagssatz, mit dem wir manchmal uns allzu träg scheinende junge Menschen quälen – Was wirst du einmal anfangen? –, hat etwas von diesen Zusammenhängen aufbewahrt. Die Frage könnte auch lauten: Was wirst du einmal machen? Oder: Wer wirst du einmal werden?

Der Anfang ist so immer ein Akt, eine Tat, zumindest eine Sprechhandlung. Johann Wolfgang von Goethe hat in dem berühmten Faust-Monolog, in dem der greise Gelehrte, noch nicht verbündet mit Mephisto, noch nicht verjüngt, aber schon in Anwesenheit des diabolischen Pudels, über eine Übersetzung des ersten Satzes des Johannesevangeliums nachdenkt, diese Einsicht in klassische Verse gekleidet:

Geschrieben steht: »Im Anfang war das Wort!«
Hier stock ich schon! Wer hilft mir weiter fort?
Ich kann das Wort so hoch unmöglich schätzen,
Ich muß es anders übersetzen,
Wenn ich vom Geiste recht erleuchtet bin.
Geschrieben steht: Im Anfang war der Sinn.
Bedenke wohl die erste Zeile,
Daß deine Feder sich nicht übereile!
Ist es der Sinn, der alles wirkt und schafft?
Es sollte stehn: Im Anfang war die Kraft!
Doch, auch indem ich dieses niederschreibe,
Schon warnt mich was, daß ich dabei nicht bleibe.
Mir hilft der Geist! Auf einmal seh ich Rat
Und schreibe getrost: Im Anfang war die Tat![8]

Am Anfang war die Tat! Der Satz ließe sich allerdings auch um-kehren: Jede Tat, die diesen Namen verdient, jede (bewusste) Handlung ist ein Anfang, sofern sie Folgen und Wirkungen zeitigt. Allerdings: Nicht von jeder Handlung wissen wir, was da eigentlich anfängt oder angefangen hat. Das Paradoxe am Anfang ist, dass er, zumindest lebensweltlich betrachtet, vom Ende her gedacht werden muss. Erst wenn wir wissen, was ge-worden ist oder zu was etwas geführt hat, wissen wir auch, was eigentlich angefangen worden war. Gerade weil einerseits jeder Mensch neu anfangen kann, sein Handeln aber Auswirkungen auf andere Menschen und deren Anfangen haben wird, ist nie ausgemacht, ob das, was wie bewusst auch immer begonnen worden ist, tatsächlich auch der Anfang jener Sache gewesen sein wird, die intendiert war. Umgekehrt: Das, was geschehen ist, versuchen wir deshalb auch zu begreifen, indem wir den Anfang rekonstruieren. Wann hat etwas eigentlich angefan-gen – und diese Frage gilt für das private Leben ebenso wie für die Historie. Anfang und Ursache fallen so zusammen, den

Anfang in Händen zu haben, heißt auch zu wissen, warum etwas so geworden ist, wie es nun ist. Erzählungen vom Anfang verschaffen deshalb immer das beruhigende Gefühl, nun zu wissen, warum etwas ist, und dieses Moment zeichnet jede narrative Rede aus: vom Mythos über die literarische Erzählung bis hin zur Geschichtswissenschaft. Die Rekonstruktion einer Ursachenkette in der Zeit ist allerdings stets unabschließbar. Wenn man will, kann man jedes noch so belanglose Ereignis bis auf den Urknall oder Adam und Eva zurückverfolgen. So gut angesichts möglicher negativer Konsequenzen von Anfängen deshalb der politische Slogan »Wehret den Anfängen« auch klingt, im Kontinuum politischen Handelns ist selten, vielleicht nie klar, was, wenn etwas beginnt, damit eigentlich anfängt. Das aber würde bedeuten, dass, gerade weil wir einen Anfang suchen, die Dinge keinen Anfang haben. Das nötigt uns, noch einmal genauer über den Anfang und die durch ihn gesetzten Grenzen nachzudenken.

Was geschieht, wenn wir nicht die anthropologisch-lebensweltliche Bedeutung des Anfangens, nicht den Aspekt der Natalität, sondern den Begriff des Anfangs selbst genauer betrachten? Der deutsche Philosoph Georg Wilhelm Friedrich Hegel fängt zum Beispiel an, indem er sich dem Anfang als Anfang überlässt. Und die Grundsituation allen Anfangs ist folgende: »Es ist noch nichts, und es soll etwas werden.« Das ist die einfache logische Struktur des Anfangs. Denn wenn schon etwas da ist, muss es schon angefangen haben, und der Anfang wäre schon vorbei; wenn aber wirklich das reine Nichts wäre, wollte offensichtlich niemand etwas anfangen, und es gäbe keinen Anfang. Man kann also nicht mit dem Nichts anfangen, man kann aber auch nicht damit anfangen, dass schon etwas ist. Der Begriff »Anfang« beginnt also im Hegel'schen Sinn zu »arbeiten«: »Der Anfang ist nicht das reine Nichts, sondern ein Nichts, von dem Etwas ausgehen soll; das Sein ist also auch schon im

Anfang enthalten. Der Anfang enthält also beides: Sein und Nichts; ist die Einheit von Sein und Nichts, – oder ist Nichtsein, das zugleich Sein, und Sein, das zugleich Nichtsein ist.«[9]

Man kann nun sagen, das ist Wortspielerei und dialektische Akrobatik; wenn man aber wirklich den Begriff des Anfangs durchdenkt, wird man notwendigerweise auf diese Widersprüchlichkeit stoßen, dass im Anfang selbst die Idee des Nichts und die Idee des Seins enthalten sein müssen, dass deshalb auch die Grenze zwischen Sein und Nichts und die Überwindung dieser Grenze mitgedacht sein muss. Der Anfang muss Sein und Nichts enthalten – zwei große Begriffe der abendländischen Ontologie. Was bedeuten diese für den Anfang?

»Was die Wahrheit ist, ist weder das Sein noch das Nichts, sondern daß das Sein in Nichts und Nichts in Sein – nicht übergeht, sondern übergegangen ist.«[10] Wer anfängt, hat immer schon angefangen. Sein geht permanent in Nichts und Nichts geht permanent in Sein über. Diese Bewegung aber ist das »Werden« – also Entstehen und Vergehen. Der Begriff des Werdens enthält das Sein und das Nichts, ist aber von diesen beiden Kategorien deutlich unterschieden und unterscheidet in dieser Unterscheidung das Sein vom Nichts. Das Geheimnis des Anfangs besteht darin, dass etwas wird. Damit etwas wird, muss aber immer schon etwas geworden sein. Das heißt: Der Anfang hat immer schon angefangen, ist also kein Anfang. Trotzdem können wir uns ohne Anfang weder begreifen, noch können wir ohne die Fiktion dieses Anfangs irgendetwas Sinnvolles tun.

Vielleicht haben die Menschen genau aus diesem Grund, um sich die Möglichkeit des Anfangs vor Augen zu führen, die Kunst erfunden. Denn die Kunst, so könnte man eine etwas gewagte These formulieren, ist das Einzige in dieser Welt, das tatsächlich einen definierten Anfang und ein Ende hat. Gegen die These von Hannah Arendt, dass der Anfang wesentlich in der Sphäre des Sprechens und Handelns angesiedelt ist, ließe sich ergänzend einwenden, dass die Sphäre des Herstellens wesentlich signifikanter von Anfang und Ende gekennzeichnet ist als das Leben selbst. Anfänge im Leben müssen durch Initiationsriten aller Art oft erst verdeutlicht werden. Dort, wo etwas gemacht werden soll, ist sowohl der Anfang klar als auch das Fertigwerden. Am deutlichsten, weil aller lebensweltlichen Kontinuität enthoben, wird dies im Kunstwerk. Jedes Kunstwerk, so könnte man pointiert formulieren, stellt selbst ein Spiel mit den Kategorien von Anfang und Ende dar. Alle Rede von Anfängen und Enden im Leben ließe sich vielleicht als der Kunst entlehnte Metaphorik deuten. Warum?

Entscheidend am Beginnen ist, ob etwas daraus werden wird. In der Kunst ist dieses Moment eines Anfangens, aus dem etwas werden wird, ein wesentlicher Bestandteil jedes Mythos von Kreativität – in affirmativer und kritischer Hinsicht. Anfang kann in der Kunst zweierlei bedeuten: der Moment, in dem der Künstler anfängt, ein Werk hervorzubringen; und der Anfang, mit dem ein Werk tatsächlich anfängt. Beides ist nicht identisch. Das Anfangen des Künstlers und die Legenden, mit denen er dieses Anfangen beschreibt und glorifiziert, zehren allerdings in hohem Maße von den Anfangsmöglichkeiten der Werke. Nebenbei: Gemessen an dem Pathos, mit denen Künstler ihr Anfangen beschreiben – das weiße Blatt Papier, die weiße Leinwand oder der leere Raum als mythische Gegebenheiten, die den Anfang geradezu quälend provozieren, dann die Rekonstruktion der ersten Idee, die Keimzellen eines Werkes, die ersten Fassungen, die ersten Pläne, der erste Entwurf –, ist der absolute Schöpfungsakt der Genesis eine geradezu bescheidene und lakonische Geste gewesen. Aber auch das Anfangen des Künstlers leidet unter allem menschlichen Anfangen: Es lässt sich nicht genau lokalisieren. Wann begann Mozart zu komponieren, Goethe zu dichten, Raffael zu malen? Und es gibt keine Gewähr, dass aus dem Anfang auch etwas wird. Gerade in der Kunst wird eine Dimension des Anfangs deutlich sichtbar, die ansonsten verlorengeht: Erst wenn etwas geworden ist, lohnt es sich, von einem Anfang zu sprechen. Dort, wo nach einem Anfang nichts mehr weitergeht, gab es letztlich keinen Anfang. Ein Anfang, der im Anfangen steckenbleibt, ist kein Anfang. Denn es wurde damit offenbar nichts angefangen. Die Gestrandeten, Gescheiterten, Missverstandenen, Missachteten, Benachteiligten, deren Anfang nie über den Anfang hinausgekommen ist und deshalb kein Anfang war, sind wohl nicht nur in der Kunst bei weitem in der Mehrheit. Nur dort, wo dem Anfang noch etwas folgt, gibt es einen Anfang. Der Anfang, so paradox dies auch klingen mag, ist durch das Ende definiert.

Das Entscheidende an diesen ästhetischen Anfängen ist, dass jederzeit Klarheit über den Anfang herrscht. Die Differenz von Kunst und Leben selbst ermöglicht es, gegenüber den unendlichen Verwicklungen der Natur einen Anfang und damit das Zeichen der Differenz zu setzen. Wir wissen in der Regel, wann wir das Gespräch mit unserer Begleitung einzustellen haben, weil eine Tragödie, eine Symphonie, eine Oper, der Hauptfilm, eine Performance, eine Aufführung oder eine Lesung beginnt. Und auch die etwas kindliche Attitüde avantgardistischer Künstler, uns über dieses Beginnen im Unklaren zu lassen, lebt davon, dass wir in der Regel Bescheid darüber wissen, dass nun etwas anderes als das Leben anheben wird.

In den Zeitkünsten ist der Anfang klar zu bestimmen: Jetzt beginnt es. Man kann auch die Uhrzeit des Beginns angeben. In den bildenden Künsten ist es nicht so einfach, aber der Anfang als Zeichen der Differenz hat auch eine räumliche Komponente: Es ist die Grenze selbst. Wer ein Museum betritt, weiß: Jetzt beginnt ein anderer Raum mit anderen Gesetzen. Georg Simmel hat in einem kleinen Essay einmal den Bilderrahmen als Symbol für diese Grenze gedeutet: Diesseits des Rahmens bewegen wir uns in der Welt; jenseits davon beginnt die Kunst. Simmels Essay beginnt mit folgenden Bestimmungen: »Indem das Kunstwerk ist, was sonst nur die Welt als ganze oder die Seele sein kann: eine *Einheit* aus Einzelheiten – schließt es sich, als eine Welt für sich, gegen alles ihm Äußere ab.«[11] Das bedeutet nun nicht eine idealistische Überhöhung des Kunstwerks, wohl aber die Einsicht, dass an Kunstwerken eine ästhetisch-logische Immanenz fasziniert, die gerade die Problematisierung ihres Verhältnisses zur Welt erst erlaubt. Der Bildrahmen, so Simmel, unterstreicht diesen Sachverhalt und gibt ihm eine symbolische Form. Der Bildrahmen »schließt alle Umgebung und also auch den Betrachter vom Kunstwerk aus und hilft dadurch, es in die Distanz zu stellen, in der allein es ästhetisch genießbar wird«.[12] Keine ästhetische Wahrnehmung ohne Distanz, keine ästhetische Gegenstandskonstitution ohne Rahmen, keine Kunsterfahrung ohne Wissen, wo die Kunst beginnt und wo sie endet. Der Rahmen markiert diese Grenze, den Anfang des Werks, der in diesem besonderen Fall mit seinem Ende zusammenfällt. Jenseits des Rahmens ist alles anders. Hier eine Grenze überschreiten oder überhaupt zum Verschwinden bringen zu wollen, hieße das Werk zerstören. Wohl stimmt es: Grenzen schließen ein, und Grenzen schließen aus. Aber erst diese Grenzen lassen etwas in seinem So-Sein gewähren. Der Bildrahmen symbolisiert diese Dialektik. Gleichzeitig lässt sich ein nicht unbeträchtlicher Teil avantgardistischer Anstrengungen als Versuch deuten, diese Grenze, diese Einheit von Anfang und Ende in den bildenden Künsten, zu verwischen oder zu konterkarieren. Wo endet das soziale, politische und moralische Leben, und wo beginnt die künstlerische Veranstaltung? Von dieser Möglichkeit, zu beginnen, ohne anzufangen, lebte nicht nur der Wiener Aktionismus, sondern zehren auch Performances aller Art.

Letztlich steht hinter all dem die Frage nach einer grundlegenderen Grenze, nach einer grundlegenden Variante des künstlerischen Beginnens: Wo endet die Natur und beginnt die Kunst? Für Simmel war klar, dass der Anfang durch den künstlerischen Akt selbst gesetzt wird, während die Natur prinzipiell unabschließbar ist. Simmel konnte deshalb schreiben: »Der Rahmen schickt sich nur für Gebilde von abgeschlossener Einheit, wie sie ein Stück Natur niemals hat.«[13] Fraglos gebrauchte Simmel eine interessante Ausdrucksweise: Es schickt sich nicht, Natur, die ihrem Wesen nach ja unendlich ist, in einen Rahmen zu pressen. Natur, die in sich keinen Anfang und kein Ende kennt, kann kein Gegenstand legitimer ästhetischer Betrachtung sein. Sie zu einem solchen zu machen, also mit einem Rahmen zu versehen, kommt einem gewaltsamen Akt gleich, den Simmel schon bei den einfachsten Versuchen, sich Natur ästhetisch zu vergegenständlichen, verspürte: bei der Fotografie.

Von da ließe sich leicht ein Bogen zu jenen Formen ästhetischer Vergegenwärtigung von Natur, wie sie heute geübt werden, spannen: zu den Naturparks, den Aussichtspunkten, der Reproduktion von Naturausschnitten. Die Ästhetisierung unmittelbarer Natur, nicht deren Transformation in ein Kunstwerk, zum Beispiel in ein Landschaftsgemälde, müsste, gibt man Simmel recht, als etwas der Natur Aufgezwungenes, Äußerliches erscheinen, das auch den ästhetischen Sinn des Naturliebhabers nicht so recht zu befriedigen weiß. »An dem Stück Natur, das wir instinktiv als bloßen Teil in dem Zusammenhange eines großen Ganzen fühlen, ist deshalb der Rahmen in demselben Maße widerspruchsvoll und gewalttätig, in dem das innere Lebensprinzip des Kunstwerks ihn verträgt und fordert.«[14] Jede aktuelle Diskussion des Naturschönen hätte diese Problematik zu vergegenwärtigen: dass wir Natur, als ästhetisches Objekt betrachtet, damit gegen ihr Wesen in einen Rahmen zwängen, auch wenn sich dieser Rahmen nicht direkt als Grenze, zum Beispiel als Zaun eines Nationalparks, zu erkennen gibt, sondern gleichsam imaginär unseren Blick auf Berge, Seen, Wälder und Auen strukturiert. So widersprüchlich die Idee einer natürlichen Grenze ist, so widersprüchlich ist es, Teile der Natur als ästhetische Objekte zu isolieren. Und dennoch kann es sein, dass bestimmte Erscheinungsformen der Natur nur bewahrt und gerettet werden können, indem der Mensch durch eine Handlung einen Anfang und damit eine Grenze setzt und markiert: Hier beginnt ein Naturpark, eine Schutzzone, ein Biotop.

Das Kunstwerk hat einen Anfang, weil es ein Ende hat. Im Rahmen fallen diese Bestimmungen zusammen. In den Zeitkünsten korrespondieren sie über eine zeitliche Distanz hinweg: Der Vorhang hebt sich, wenige Stunden später senkt er sich. Das Ende gibt dem Werk seine Geschlossenheit und bestätigt so den Anfang als Anfang. Ein endloses Kunstwerk wäre ein Horror und als solches nicht mehr wahrnehmbar. Anfang und Ende verweisen im Kunstwerk notwendig aufeinander, was wir in einem geglückten Leben uns nur wünschen können, kann im Kunstwerk gestaltet werden. Misslingt diese Korrespondenz zwischen Anfang und Ende, zwischen Beginn und Schluss, empfinden wir dies auch mit Recht als ästhetisches Ungenügen. Das Buch beginnt dann schwach, aber der Autor kann sich noch steigern. Oder: Ein Film startet fulminant, doch mit Fortdauer der Handlung wird es immer verwirrender. Sofern ein Werk allerdings gelungen ist, lässt sich das von ihm sagen, was uns Sterblichen in der Regel verwehrt bleibt: Es ist kein Werden, sondern es ist etwas geworden. Und dies ist doch auch das Tröstliche an dieser Art des menschlichen Anfangens: Wir wissen im Moment unseres anfänglichen Tuns nicht, was wir damit eigentlich begonnen haben werden.

Hier und nicht dort

An der Grenze der Grenze

Aller Anfang setzt eine Grenze. Und wer etwas beginnt, zieht eine Grenze. Jetzt ist es nicht mehr so, wie es war. Was ist aber eine Grenze? Vorab nicht mehr und nicht weniger als eine wirkliche oder gedachte Linie, durch die sich zwei Dinge voneinander unterscheiden. Wer immer einen Unterschied wahrnimmt, nimmt auch eine Grenze wahr, wer immer einen Unterschied macht, zieht eine Grenze. Philosophisch gesprochen bedeutet dies, dass die Grenze überhaupt die Voraussetzung ist, etwas wahrzunehmen und zu erkennen. Wäre alles unterschiedslos eines, gäbe es auch nichts zu sehen, nichts zu identifizieren, nichts zu wissen. Schon in der antiken Philosophie war deshalb die Frage, welcher Status, auch und gerade unter der Voraussetzung, dass das Sein als eines gedacht wurde, der Differenz und damit der Grenze als Bedingung der Erkenntnis zukommt, virulent und wurde von den Naturphilosophen ebenso behandelt wie von Platon oder Aristoteles. Und auch wenn wir modernen konstruktivistischen Ansätzen folgen wollten und die Grenzen, mit denen wir die Dinge voneinander unterscheiden, nicht als ontologische Sachverhalte, sondern als Akte unseres Bewusstseins deuten, kämen wir nicht umhin, solche Grenzen zu ziehen, um uns in der Welt zu orientieren.

Jeder Versuch, Sinneseindrücke zu ordnen und in ein begriffliches System zu bringen, zieht Grenzen. Jede Erkenntnis beginnt mit dem einen, dem entscheidenden Akt: Dieses ist nicht jenes. Nichts anderes meinte der vielzitierte, Baruch Spinoza zugeschriebene Satz, nach dem jede Bestimmung eine Negation darstellt: »Omnis determinatio est negatio.« Wir können, so Spinoza in einem Brief an seinen Freund Jarigh Jelles vom 2. Juni 1674, eine Figur oder Gestalt nur dann begreifen, wenn wir die Art und Weise, »wie [sie] begrenzt ist«, begreifen. Die Folgerung, die Spinoza aus dieser Überlegung zog, ist allerdings verblüffend: »Demnach gehört diese Begrenzung zu dem Ding nicht in Bezug auf dessen Sein, sondern sie ist im Gegenteil dessen Nicht-Sein. Da also Figur nichts anderes ist als Begrenzung, Begrenzung aber Negation ist, so kann sie, wie gesagt, nichts anders sein als Negation.«[15] Wer immer etwas begreift, begreift vorerst einmal, was dieses Etwas *nicht* ist.

Etwas unterscheidet sich von etwas anderem. Zwischen diesem und jenem verläuft eine Grenze. Und nur wenn wir diese Grenze akzeptieren und ziehen, können wir begreifen. Nicht zuletzt ist unser Bewusstsein nicht nur ein Akteur dieser Grenzziehung, sondern auch ein Resultat derselben. Niemand könnte »ich« sagen, wenn damit nicht auch schon eine Grenze zwischen mir und allen anderen gezogen wäre. Die Grenze, und das muss in einer Zeit, in der nahezu alle Begriffe nur mehr mit moralischen Konnotationen auftreten dürfen, verstören, markiert also nicht mehr und nicht weniger als die Trennlinie zwischen Gegenstandsbereichen, ohne dass durch diese Differenz etwas über die Qualität dessen ausgesagt wird, was diesseits oder jenseits dieser Grenze liegt. Grenzen als kategoriale Ordnungen entscheiden wohl über Exklusion und Inklusion, wobei von dem Ausgeschlossenen vorerst nur gesagt wird, dass es zu einem anderen Gegenstandsbereich gehört. Ein Stuhl wird nicht diskriminiert, wenn man feststellt, dass er kein Tisch ist. Eine Grenze kategorial zu ziehen, bedeutet noch nicht, zu werten.

Immanuel Kant hat übrigens diesem Gedanken, dass jede Bestimmung eine Verneinung enthält, noch eine besondere Pointe verliehen, wenn er in der *Kritik der reinen Vernunft* schreibt: »[…] alle Verneinungen […] sind bloße Einschränkungen einer größeren und endlich der höchsten Realität, mithin setzen sie diese voraus und sind dem Inhalte nach von ihr bloß abgeleitet. Alle Mannigfaltigkeit der Dinge ist nur eine ebenso vielfältige Art, den Begriff der höchsten Realität einzuschränken, so wie alle Figuren nur als verschiedene Arten, den unendlichen Raum einzuschränken, möglich sind.«[16] Dass wir negieren, damit unterscheiden, damit erkennen können, hat, so Kant, ein »Urwesen«, ein »höchstes Wesen«, das wir in unseren Bestimmungen immer weiter einschränken können, zur logischen Voraussetzung, auch wenn wir in unserem Wissen bezüglich der Existenz dieses Wesens »in völliger Ungewissheit« bleiben müssen.

Solche Ungewissheit rührt auch an jene »Grenzen der Erkenntnis«, die mit Kants Versuch, die Möglichkeiten der reinen Vernunft auszuloten, verbunden sind. Das berühmte »Was können wir wissen?« fragte ja nicht in einem zeitgeistigen Sinn nach der Größe und Kapazität unserer Datenspeicher, sondern nach dem, was sich unserem Wissen prinzipiell entzieht, nach einer Grenze also, die nicht mehr hinausgeschoben, aber auch nicht überschritten werden kann. Kant sprach in diesem Zusammenhang übrigens eher von einer »Schranke« als von einer »Grenze«. Denn das Wissen, soweit es empirische Dinge betrifft, ist in der Tat unbegrenzt. In diesem Sinn gibt es keine Grenzen der Erkenntnis, auch keine Grenzen der Wissenschaft. Die unendliche Mannigfaltigkeit der Natur, soweit sie in Erscheinung tritt und unseren Erkenntnismöglichkeiten zugänglich ist, wird auch, die Permanenz intelligenten Lebens vorausgesetzt, immer weiter erforscht werden können, und jede vermeintliche Grenze wird sich als überschreitbar erweisen. Was Immanuel Kant intendierte, war allerdings die Frage nach den prinzipiellen Schranken unseres Erkenntnisvermögens, ungeachtet aller technischen Hilfsmittel und Apparaturen, mit denen wir die Begrenztheit unserer Sinnesorgane erweitern können. Und Kants berühmte Antwort besagte ja, dass unsere Vernunft dort auf eine äußerste Schranke stößt, wo sie es nicht mit Erscheinungen der empirischen Welt, sondern mit jenen Fragen zu tun hat, die die klassische Metaphysik sich gestellt hatte: die Frage nach der Welt, die hinter den Dingen und ihnen zugrunde liegt – das Ding an sich –, die Frage nach dem Absoluten, die Frage nach Gott, nach der Freiheit des Menschen und nach der Unsterblichkeit der Seele. Hier stößt die Vernunft an eine unüberwindbare Schranke, erweist sich als prinzipiell beschränkt, und jedes Überschreiten dieser Schranke wird sich als Fehltritt erweisen.

Solch ein strenger Begriff der Grenze, der eine unüberwindbare Schranke markiert, durchzieht als Leitmotiv auch noch das Programm von Ludwig Wittgensteins *Tractatus logico-philosophicus*. Der Sinn dieses Buches sollte sich nach Wittgenstein in folgende Worte fassen lassen: »Was sich überhaupt sagen lässt, lässt sich klar sagen; und wovon man nicht reden kann, darüber muss man schweigen.« Und Wittgenstein lässt keinen Zweifel daran, dass es dabei um eine fundamentale Grenze zwischen Wissbarem und Nichtwissbarem, zwischen Sagbarem und Unsagbarem geht: »Das Buch will also dem Denken eine Grenze ziehen, oder vielmehr – nicht dem Denken, sondern dem Ausdruck der Gedanken: Denn um dem Denken eine Grenze zu ziehen, müssten wir beide Seiten dieser Grenze denken können (wir müssten also denken können, was sich nicht denken lässt).«[17] Tatsächlich markiert Wittgenstein mit diesen Sätzen eine unüberschreitbare Schranke, die nur illusionäre Überwindungen, die in der Ungenauigkeit unserer Sprache wurzeln, kennt. Dem korrespondiert auch der berühmte Satz 5.6 aus dem *Tractatus*, nach dem die Grenzen meiner Sprache die Grenzen meiner Welt bedeuten[18]. Was immer wir von dieser Welt wissen können, ist an die Sprache gebunden, und was immer wir von der Welt nicht mehr sagen können, wissen wir auch nicht.

Allerdings: Wittgenstein hatte auch angedeutet, dass der Begriff der Grenze, und auch der stärkere Begriff der Schranke, sinnvoll nur dann ist, wenn das, was auf der anderen Seite liegt, immer schon mitgedacht wird. Oder anders formuliert: Eine unüberwindbare Schranke, deren andere Seiten wir nicht denken können, würden wir auch nicht als Beschränkung wahrnehmen können. Jede Grenze, jede Schranke, öffnet den Blick auf zwei Seiten. In seiner *Wissenschaft der Logik* hat Hegel dies bündig formuliert: »[…] darin selbst, dass etwas als Schranke bestimmt ist, [ist] darüber bereits hinausgegangen.«[19] Doch über eine Schranke hinausgehen, eine Grenze zu überschreiten, bedeutet etwas anders, als eine Grenze aufzuheben oder hinauszuschieben. Das Entscheidende am Begriff der Grenze, zumindest im Hegel'schen Sinn, liegt eben gerade darin, dass damit eine Unterscheidung vollzogen wird, die gleichzeitig die Möglichkeit ihrer Revision enthält. Grenzen zu erkennen und anzuerkennen, bedeutet deshalb immer auch, zu erkennen und anzuerkennen, dass es nicht nur ein Diesseits, sondern auch ein Jenseits der Grenze gibt. Erst die Grenze provoziert die Frage, wann, wie und ob überhaupt die immer mögliche Überschreitung vollzogen werden kann, erst die Grenze provoziert den Wunsch zu sehen, wie es auf der anderen Seite aussieht. Hegel hat deshalb das Problem der Grenze nicht ganz zu Unrecht mit der Frage des »Sollens« schon auf der Ebene der Begriffslogik verknüpft. Etwas zu sollen, bedeutet ja, die bisher akzeptierten Grenzen des Handelns, aber auch Denkens, zu überschreiten: »Als Sollen geht nun aber ferner das Endliche über seine Schranke *hinaus*; dieselbe Bestimmtheit, welche seine Negation ist, ist auch aufgehoben und ist so sein Ansichsein; seine Grenze ist auch nicht seine Grenze. Als Sollen ist somit Etwas *über seine Schranke erhaben*, umgekehrt aber hat es nur als Sollen seine *Schranke*. Beides ist untrennbar. Etwas hat insofern eine Schranke, als es in seiner Bestimmung die Negation hat, und die Bestimmung ist auch das Aufgehobensein der Schranke.«[20]

Damit exponiert Hegel auf höchster Ebene den Zusammenhang zwischen dem Problem der Grenze und den Fragen der Ethik. Es geht, dies sei noch einmal unterstrichen, nicht darum, dass Grenzen an sich so etwas wie moralische Verdikte enthalten, es geht ganz und gar nicht darum, dass das Festlegen oder Ziehen von Grenzen – ob im erkenntnistheoretischen, politischen, ethischen oder ästhetischen Bereich – an sich ein Übel darstellt. Im Gegenteil: Wir können gar nicht anders, als Grenzen zu ziehen. Aber dieses Müssen provoziert aufgrund der immanenten Logik der Grenze die Möglichkeit der Grenzüberschreitung. Dass, in einem moralischen Sinn, etwas getan werden soll, bedeutet so immer schon, die Grenze der bisherigen Handlungen und ihrer Richtlinien zu überschreiten, die Schranken, die unser Handeln bisher determiniert haben, zu überwinden. Weil Grenzen und ihre Überschreitung nach Hegel einander bedingen, gilt aber auch das Umgekehrte: Auch jede mögliche Grenzüberschreitung provoziert die Frage, ob es nicht besser wäre, diese zu unterlassen und eine Grenze zu respektieren: »*Du kannst, weil du sollst* – dieser Ausdruck, der viel sagen sollte, liegt im Begriffe des Sollens. Denn das Sollen ist das Hinaussein über die Schranke; die Grenze ist in demselben aufgehoben, das Ansichsein des Sollens ist so identische Beziehung auf sich, somit die Abstraktion des *Könnens*. Aber umgekehrt ist es ebenso richtig: *du kannst nicht, eben weil du sollst*. Denn im Sollen liegt ebenso sehr die Schranke als Schranke.«[21] Ein Grenze als Grenze begreifen, bedeutet so, in einem erkenntnistheoretischen Sinn unterscheiden und damit überhaupt erst erkennen zu können, es bedeutet aber auch, im selben Atemzug mit der Frage konfrontiert zu sein, wie wir mit diesen Unterschieden umgehen und inwieweit wir sie akzeptieren sollen.

Im alltagssprachlichen Gebrauch assoziiert man zu Grenze

wohl immer noch in erster Linie die politische Grenze. Die Linie, wie immer sie aussehen mag, wie immer sie bewacht sein mag, wie immer die Schlagbäume bemalt sein mögen, die ein Land von einem anderen trennt, diese Linie erscheint uns als Inbegriff der Grenze und gleichzeitig als Inbegriff des problematischen Aspekts der Grenze. Dass Grenzen fallen sollen, weil sie willkürlich trennen, was eigentlich zusammengehört – nämlich Menschen –, ist mittlerweile Bestandteil der politischen Rhetorik fast jeder Provenienz. Und nicht zuletzt die Globalisierung und das Projekt der EU werden als eine Entwicklung betrachtet, die Grenzen zum Verschwinden bringen soll. Bezogen ist dies vor allem auf die Grenzen der national- beziehungsweise territorialstaatlichen Ordnungen, die selbst ein relativ spätes Produkt der Menschheitsgeschichte sind. Wir dürfen nicht vergessen, dass es jahrhunderttausendelang nomadisierende Gesellschaften gegeben hat und dass auch das europäische Mittelalter mit seinen pränationalen feudalen Herrschaftsstrukturen den zusammenhängenden Staat in seinen Grenzen nicht kannte. An unserem Umgang mit politischen Grenzen oder ihren Überschreitungen und Aufhebungen können wir allerdings viel von jener Ambivalenz ausmachen, die dem Begriff der Grenze innewohnt.

Nirgendwo wird das Aufbrechen und Verschwinden von Grenzen so deutlich und positiv erfahren wie im Bereich der Politik. Die starren Grenzen der Territorialstaaten verlieren zunehmend ihre Bedeutung, und dies nicht nur im Inneren der EU. Dass sich Kapital, Waren, Dienstleistungen, Kommunikationen und Daten mittlerweile in rasanter Geschwindigkeit rund um den Erdball bewegen, ohne auf traditionelle staatliche Grenzen Rücksicht zu nehmen, gehört zu den wesentlichen Erfahrungen der Globalisierung. Diese Freiheit der grenzenlosen Bewegung trifft übrigens auch auf Schadstoffe, Umweltgifte und die atomare Strahlung zu, und vielleicht war es nicht nur die Liberalisierung des internationalen Finanzhandels seit 1989, sondern auch und vor allem das Reaktorunglück von Tschernobyl, das 1986 den Menschen klarmachte, dass unter den Bedingungen einer hochriskanten technologischen Zivilisation nationale Grenzen bedeutungslos geworden sind. Die Euphorie über den Abbau von Grenzen könnte sich zumindest unter diesen Perspektiven auch in Grenzen halten. Und was den politischen Willen zu diesem Abbau betrifft, darf bei all den positiven Aspekten grenzenloser Geld-, Kommunikations- und Verkehrsflüsse nicht vergessen werden, dass dahinter weniger ein Programm der Humanisierung zwischenmenschlicher und zwischenstaatlicher Beziehungen steckt, sondern die durch die Globalisierung bedingte Krise des modernen Territorialstaates. Scharf formuliert: Die Öffnung von Grenzen ist weniger Ausdruck eines politischen Programms, sondern vielmehr Effekt einer Krise der Politik.

Die zunehmende Macht inter- und transnationaler Unternehmungen, aber auch international agierender Organisationen unterschiedlichen Typs führte in den letzten Jahrzehnten zu einer Erosion des an einen strengen Begriff von Staatlichkeit gebundenen Politikverständnisses, die schlicht als der Verlust von Herrschaft über definierte Räume bezeichnet werden kann. Die Ohnmacht der Staaten angesichts der Forderungen international agierender Unternehmen dokumentiert diesen Verlust von Grenzkontrolle ebenso wie die Hilflosigkeit angesichts zunehmender Migrationsströme. Allerdings entstehen überall dort, wo Grenzen verschwinden, neue, andere Grenzen. Auch wenn die neuen Herrschaftsformen der Ökonomie keine nationalen Grenzen kennen, bedeutet dies nicht, dass sie grenzenlos wären. Es entstehen neue Linien, die über Inklusionen und Exklusionen entscheiden, über drinnen und draußen, über diesseits und jenseits, und man denke nur nicht, dass diese neuen Grenzen keine territorialen Entsprechungen hätten. Wer je versucht hat, ohne entsprechende Legitimation eines der von privaten Sicherheitsdiensten schwer bewachten Wohnghettos der neuen Globalisierungselite am Rande einer der Weltmetropolen zu betreten, weiß, was eine Grenze und eine Grenzkontrolle bedeuten, auch und weil sich diese Grenze inmitten bedeutungslos gewordener nationaler Grenzen manifestiert. Und wenn wir an den Satz des großen Thomas Hobbes denken, nach dem der Krieg aller gegen alle dort beginnt, wo die Bürger aus Angst vor ihren Mitbürgern ihre Eingangstüren und im Haus ihre Kästen verschließen[22], also ihren privaten Lebensraum nur als eine streng befestigte Grenze definieren können, dann wissen wir, dass von einer Aufhebung der politischen, sozialen und sicherheitstechnischen Grenzen keine Rede sein kann.

Damit sind wir bei einem zweiten, großen Bereich, in dem ganz gegen den Zeitgeist gerne Grenzen beschworen und weniger die Ekstase der Entgrenzung proklamiert wird: im Bereich von Moral und Ethik. Hegel hatte es schon angedeutet, dass das Setzen von Schranken und Grenzen immer eine implizite Aufforderung enthält, etwas zu tun oder zu unterlassen, eine Grenze zu überschreiten oder sie zu respektieren. Man kann nun jede moralische Norm als solch eine Schranke definieren, die das Handeln begrenzt und damit auch darüber befindet, ob dieses Handeln moralisch, wünschenswert, letztlich gut, oder aber inakzeptabel, verwerflich, letztlich böse genannt werden kann. Niemand wird bezweifeln, dass die Etablierung moralischer Grenzen nicht nur für jede Gemeinschaft überlebensnotwendig ist, sondern dass auch gerade eine moderne Gesellschaft, in der alles im Fluss scheint, ohne solche Grenzen nicht auskommt, sich geradezu über solche moralischen Grenzen definiert. Die Herausbildung der Menschenrechte im Laufe der europäischen Geschichte kann, ja muss begriffen werden als die Herausbildung von Grenzen, die klar definierten, an welchen Punkten das Zugriffsrecht des Staates, der Herrschaft, der Polizei, aber auch von Privatpersonen an eine Grenze stößt, also nicht weiter toleriert werden kann. Sieht man als eine der Wurzeln dieser Menschen- und Bürgerrechte die Habeas-Corpus-Akte aus dem Jahre 1679 an, so wird auch eine geradezu topografische Grenze der politischen Moral und des Rechts deutlich: der Körper, die Oberfläche, die Physis des anderen. Dass niemand das Recht hat, außer in Notwehrsituationen, die Integrität des Körpers eines anderen zu verletzen, markiert eine Grenze, deren Vervielfältigung und Ausweitung, nicht Überschreitung zur Deklaration der Menschen- und Bürgerrechte im späten 18. Jahrhundert geführt hat.

Nirgendwo offenbart sich der »Nutzen von Grenzen«, wie dies Ernst Ulrich von Weizsäcker einmal genannt hat, so sehr wie in diesem Bereich, in dem wir wie selbstverständlich davon ausgehen, dass unsere Mitbürger, unsere Vorgesetzten und die staatlichen und privaten Sicherheitskräfte diese Grenze auch respektieren und uns nicht bei jeder Gelegenheit tätlich und verletzend angreifen. In solch einer Begrenzung herrschaftlicher Willkür wurzelt der moderne, europäische Rechtsstaat, auf den auch noch kein Apologet politischer Entgrenzung bislang verzichten will. Was aber bedeutet dieser Zusammenhang von Recht, Moral und Grenze? Etwas verallgemeinernd lässt sich dies mit den Worten von Weizsäckers pointiert formulieren: »Der Rechtsstaat ist eine der wichtigsten und reifsten Errungenschaften der politischen Zivilisation. Und was ist es, was wir daran so schätzen? Ganz einfach: *Recht setzt Grenzen.* Jedes Recht begrenzt die Handlungsfähigkeit eines oder mehrerer Akteure. Jedes Recht ist insofern auch eine Art Handelshemmnis.«[23] Man muss von Weizsäckers leicht polemische Synchronisierung von Handeln und Handel nicht unbedingt mitmachen, um zu erkennen, dass der Zusammenhang von Rechtsordnungen und Grenzen in der Tat darin besteht, dass die Handlungsoptionen der einen eingeschränkt werden müssen, um die Lebensmöglichkeiten der anderen zu schützen. Man muss sich auch klarmachen, dass der Rechtsstaat bislang nur im Rahmen territorialer Ordnungen funktionierte, und dass die Krise dieser Ordnungen auch unser Verständnis von Rechtsstaatlichkeit erodieren lassen könnte, wenn nicht beizeiten entsprechende Gegenmaßnahmen – etwa durch eine wirklich funktionierende internationale Rechtsordnung – getroffen werden.

Dass politische und moralische Grenzen immer auch Schutzfunktionen hatten, dass Grenzen nicht nur gezogen, sondern manchmal auch erkämpft werden mussten, dass es immer darauf ankommt, auf welcher Seite einer Grenze man sich befindet, vergisst man leicht in einer Zeit, die Grenzüberschreitung zu einem positiven Akt an sich erhoben hat. Ist allerdings angesichts rassistischer oder antisemitischer Ausschreitungen in liberalen Medien davon die Rede, dass damit eine Grenze überschritten worden sei, was nicht mehr toleriert werden könne, so müsste einem die schützende Funktion von Grenzen schlagartig wieder bewusst werden. Man könnte es auch so formulieren: Es sind die Schwachen, die Minderheiten, die Mindermächtigen, die Grenzen brauchen; nicht die Starken. Grenzen niederzureißen, Grenzen zu überschreiten – seien es territoriale Grenzen oder die des Anstands und der Moral –, kann nicht nur heißen, Weltoffenheit zu demonstrieren, sondern kann ganz einfach ein aggressiver Akt sein, bei dem die Integrität eines Menschen, einer Menschengruppe oder eines Landes missachtet wird. Friedrich Nietzsches Enthusiasmus für die Starken feierte nicht nur deren Kraft der Grenzüberschreitung, sondern korrespondierte mit einer Verachtung der Schwachen, die Grenzen nötig haben. Das war zumindest ehrlich, und es fragt sich, ob in manch gegenwärtiger Feier der Grenzüberschreitung nicht solch eine Verachtung mitschwingt, ohne dass man den Mut hätte, dies auch zuzugeben. Und wenn gegenwärtig oft von der Notwendigkeit von Grenzüberschreitungen die Rede ist, so sei auch an die Bedeutung dieses Wortes erinnert, die sich einschleicht, wenn man etwa davon spricht, dass die Truppen des einen die Grenzen eines anderen Landes überschritten haben. Und solange es den gerechten Weltbürgerstaat noch nicht gibt, werden wir mit Grenzen zu rechnen haben, bei denen es, wie konstruiert diese auch immer sein mögen, darauf ankommt, auf welcher Seite der Grenze man sich befindet, um einen minimalen menschenrechtlichen Schutz zu genießen.

Der österreichische Philosoph Richard Heinrich hat dies sehr schön an dem Film *La grande illusion* (Die große Illusion) des französischen Regisseurs Jean Renoir aus dem Jahre 1937 illustriert. Der Film spielt während des Ersten Weltkrieges; am Ende des Films überqueren zwei Franzosen auf der Flucht aus einem deutschen Kriegsgefangenenlager im Winter die Schweizer Grenze. Im Schnee sieht man die Grenze natürlich nicht, was einen der beiden auch zu der Bemerkung verleitet, dass so eine Grenze eine »Erfindung der Menschen« sei. Es ist eine Illusion, dass es die Grenze wirklich gibt, es ist aber auch eine Illusion, dass es sie nicht gibt – mitunter eine höchst wichtige Illusion. Denn die beiden Flüchtlinge werden von einer deutschen Patrouille entdeckt, einer der deutschen Soldaten schießt auch, aber der Unteroffizier sagt: »Schieß nicht, die sind schon in der Schweiz.«[24] Heinrich kommentierte diese Szene mit den Worten: »Der [deutsche Offizier] weiß, was zu wissen seine Aufgabe ist, nämlich wo die Grenze verläuft«, und lässt die Flüchtigen laufen.[25] Es war die Grenze, die das Leben dieser Menschen gerettet hat, und die Akzeptanz dieser Grenze durch die Verfolger. Und solange es Grenzen zwischen kriegführenden und neutralen Staaten, zwischen unterschiedlichen Herrschaftssystemen, zwischen rechtstaatlichen Ordnungen und Unrechtsordnungen, zwischen Wohlstand und Armut gibt, werden Grenzen auch diese rettende Funktion zu erfüllen haben.

Aber wie in der Politik sind die Grenzen in der Moral nicht vorgegeben und schon gar nicht unwiderruflich. Auch sie müssen gesetzt, gezogen und mitunter verteidigt werden – vorausgesetzt, wir sind uns über den Nutzen und damit über den Wert solcher Grenzen einig. Dort, wo im Bereich der Ethik Grenzen überschritten werden können und auch überschritten werden, ist deshalb immer auch zu fragen, welche Werte und Güter durch diese Grenzen bisher geschützt worden sind und ob wir wirklich bereit sind, diese aufzugeben. Es fragt sich, ob die Grenze, die zum Beispiel durch die Euthanasiegesetze und vor allem durch die sich daran anlehnende Praxis der Sterbehilfe in den Niederlanden überschritten wird, auf längere Sicht die Menschenwürde nicht doch fundamental schützte – wenn, wie neuere Untersuchungen zeigen, durch die Euthanasiepraxis schon längst nicht mehr nur dem Willen unheilbar Kranker entsprochen wird, sondern zunehmend ältere Menschen auch gegen ihren Willen getötet werden, sofern sie ihrer Umwelt in irgendeiner Weise zur Last geworden sind. Vielleicht ist es besser, solche Grenzen nicht zu überschreiten, auch wenn das in einem ökonomischen Sinn ein wenig teurer sein mag und individuelle Tragödien nicht ausgeschlossen werden können. Denn diese Praxis muss über kurz oder lang dazu führen, dass wieder über sogenanntes lebenswertes und lebensunwertes Leben diskutiert und befunden werden muss, und das bedeutet, dass eine Grenze gezogen wird, die eine amoralische Versuchung schon in sich enthält. Auch in diesem Fall bestätigt sich Hegels Dialektik der Grenze. Ist eine solche Grenze erst einmal gezogen, stellt sich sofort, aber eben erst jetzt, die Frage, was man nun mit dieser Grenze zwischen lebenswertem und lebensunwertem menschlichen Leben tun soll. Manchmal kann es auch gut sein, Grenzziehungen erst gar nicht vorzunehmen.

Das bedeutet nicht, im Bereich der ethischen Grenzen fundamentalistisch zu argumentieren und jede Überschreitung tradierter moralischer Grenzen abzulehnen. Man kann, aus durchaus ähnlichen Überlegungen, dort, wo etwa im Bereich der Fortpflanzungsmedizin Grenzen überschritten werden, für diese Transzendierung traditioneller ethischer Konzepte sein – etwa was die Präimplantationsdiagnostik, was das therapeutische Klonen, was das Experimentieren mit Stammzellen betrifft. Dort allerdings, wo Menschen nur aus einer wissenschaftlichen Tollkühnheit heraus und ohne jede irgendwie argumentierbare Not oder Notwendigkeit geklont werden, könnte man ebenfalls von einer Grenze sprechen, die besser nicht überschritten werden sollte.

Am schönsten allerdings funktioniert das Spiel von Grenzziehung und Grenzüberschreitung in der Kunst. In keinem gesellschaftlichen Segment wurden im letzten Jahrhundert derart viele Grenzen überschritten und Grenzen eingerissen wie im Bereich der Kunst. Der enge bürgerliche Kunstbegriff, der sich an seit der Antike tradierten ästhetischen Normen und an den unsterblichen Werken der Klassiker orientierte, hatte spätestens seit den Avantgardebewegungen des frühen 20. Jahrhunderts ausgedient. Die Avantgarde, die Vorhut des ästhetischen und mitunter auch politischen Fortschritts, verstand sich explizit als Unternehmen der Grenzüberschreitung, und dies in einem fast militärischen Sinn: Die Bastionen der bürgerlichen Hochkultur sollten erstürmt, die ästhetischen Produktivkräfte befreit und die Grenzen zwischen Kunst und Leben, zwischen Kunst und Alltag, zwischen Kunst und Design, zwischen Kunst und Nichtkunst eingerissen werden.

Gleichzeitig allerdings wurde die Freiheit der Kunst – und nicht jeder medialen, sozialen oder technologischen Praxis –

gefordert und mittlerweile in der Verfassung verankert. Das bringt uns immer wieder in die Verlegenheit, definieren zu müssen, was Kunst ist, also eine Grenze der Kunst ziehen zu müssen, denn die Verfassung kann nicht etwas garantieren, was nicht definiert werden kann; umgekehrt besteht aber der Anspruch der avantgardistischen Kunst gerade darin, den Kunstbegriff zu verändern beziehungsweise zu unterlaufen, ohne dass man allerdings aufhören möchte, Kunst zu machen. Der Zusammenhang zwischen begrifflicher Bestimmtheit, Grenzziehung und Grenzüberschreitung lässt sich auf dem Felde des Ästhetischen so noch einmal spielerisch und summarisch beobachten. Der Avantgardist, der den Anspruch hat, die Grenzen der Kunst zu überschreiten, überschreitet sie im Namen der Kunst. Er überschreitet sie also nicht wirklich, sondern dehnt die Grenze der Kunst aus: auf Design, auf soziale Praktiken, auf Aktionen, auf Alltagsgegenstände. Er will nicht, dass aus Kunst Nichtkunst, sondern dass aus Nichtkunst Kunst wird. Diese Art der Grenzüberschreitung ist eher eine Eingemeindung denn eine Transzendierung. Andererseits funktioniert das lustvolle Spiel der vermeintlichen Grenzüberschreitung dann am besten, wenn die ebenfalls vermeintliche Grenze möglichst streng gezogen ist. Gegen einen toleranten Kunstbegriff, der vom signierten Pissoir bis zur öffentlichen Masturbation ohnehin alles als Kunst gelten lassen will, ist es nicht besonders mutig, mit Grenzüberschreitung zu drohen. Grenzüberschreitungen sind nur dort möglich, wo es noch akzeptierte Grenzen gibt, wo es eine klare Vorstellung davon gibt, was Kunst ist. Jede Kritik an solch einer Vorstellung erweitert in der Tat den Kunstbegriff, aber das heißt nur, dass der grenzüberschreitende Künstler nun die Grenze selbst neu zieht. Die seit der Romantik propagierte Willkür des Künstlers, dass er allein es ist, der bestimmt, was als Kunst zu gelten hat, zeigt so deutlich, dass jede Grenzüberschreitung, will sie gelingen, eine neue Grenzziehung ist. Niemand wäre wirklich glücklich, wenn wir uns darauf einigten, dass, weil eine Grenze zwischen Kunst und Nichtkunst heute nicht mehr gezogen werden kann, wir auf den Begriff der Kunst überhaupt verzichten sollen. Nein, das Gegenteil ist der Fall.

Man kann das alles auch in wenigen Sätzen zusammenfassen: Grenzen zu überschreiten, gehört zweifellos zu den Dimensionen menschlichen Dasein, die mit der Kreativität, der Neugier, der Offenheit, dem Forschungsdrang des Menschen, aber auch mit seiner Aggressivität, seiner Gier und seiner Destruktivität zu tun haben. Man kann aber Grenzen nur überschreiten, wenn es Grenzen gibt. Weder in der Politik noch in der Moral, noch in der Kunst kann es also darum gehen, Grenzen schlechthin aufzugeben. Sehr wohl aber muss es darum gehen, sich zu überlegen, wo und wann Grenzen gezogen, wie und warum sie überschritten und vor allem, wie mit Grenzen umzugehen sei. Wohl gab und gibt es genug inhumane Grenzen zwischen Menschen, die noch immer ihrer Aufhebung harren. Aber hin und wieder kann es humaner sein, eine Grenze zu respektieren und über die Grenze hinweg dem anderen die Hand zu reichen, als die Grenze niederzureißen, um sich den anderen einzuverleiben.

Der Riss im Zaun

An den Grenzen des Menschenparks

Der eine, das ist der Mensch. Wer aber ist der andere? Und wo verläuft diese Grenze zwischen dem Menschen und dem, was noch ist auf dieser Erde? Und sind diese Grenzen, die konventionell den Menschen vom Tier und die Maschine vom Menschen trennen, überhaupt noch aufrechtzuerhalten? Es ist keine Trivialität zu sagen, dass sich seit den Tagen Immanuel Kants die Frage nach dem Menschen radikal verändert hat. Nach Kant laufen die großen Fragen »Was kann ich wissen?«, »Was soll ich tun?« und »Was darf ich hoffen?« in der einen Frage zusammen: »Was ist der Mensch?« Nun, man könnte es sich einfach machen und sagen: Diese Frage ist schon die Antwort auf die Frage. Der Mensch ist das Wesen, das sich in Frage stellen kann. Das fragende Wesen, das deshalb auch ein fragliches Wesen ist. Schon die Möglichkeit der Frage provoziert allerdings eine Antwort: Der Mensch ist nichts, das sich einfach bestimmen ließe. Denn die Frage nach dem Menschen, solange sie von Menschen gestellt wird, ist keine Frage nach einer Definition, die den Menschen ein für alle Mal als Art unter Arten festlegte. Den Menschen als Tier mit bestimmten Eigenschaften, die ihn von anderen Tieren unterscheiden, zu bestimmen, war und ist beliebt, aber immer zirkulär: Der Mensch, der nicht weiß, wer er ist, legt fest, wer er ist. Jede dieser Bestimmungen kann deshalb jederzeit durch eine andere ersetzt werden. Die Definition des Menschen als vernünftiges, politisches oder arbeitendes Tier ist nicht mehr oder weniger plausibel als seine Charakterisierung als herstellendes, religiöses oder produzierendes Tier. Und all diese Bestimmungen können sich nicht aus der Paradoxie befreien, die Hegel formuliert hat: dass der Mensch gerade deshalb, weil er »*weiß*, daß er Tier ist, aufhört, Tier zu sein«.[26]

Was der Mensch ist, wissen wir in einem ontologischen oder anthropologischen Sinn heute weniger denn je. Wohl aber kreist unser Denken um die für unsere Zeit entscheidende Transformation dieser Frage: Welches Bild sollen wir uns vom Menschen machen? Anstelle vermeintlicher anthropologischer Gewissheiten sind längst Modelle und Entwürfe getreten, die den Menschen immer wieder neu konstruieren. Was aber sagen die Bilder, die wir von uns selbst entwerfen, über uns aus? Welchen Phantasmen, Ängsten und Sehnsüchten sind diese Bilder entsprungen; nach welchen Bedürfnissen und Motiven werden sie modelliert?

In der *Genesis* hieß es noch: »Und Gott schuf den Menschen ihm zum Bilde, zum Bilde Gottes schuf er ihn.«[27] Der Schöpfergott hat abgedankt, der Mensch gefällt sich zunehmend darin, seine Evolution programmatisch in die eigenen Hände zu nehmen, zum Schöpfer seiner selbst zu werden. Aber nach welchem Bilde schaffen wir nun uns selbst? Nicht: Wer sind wir? ist die Frage, sondern: Wie sehen wir uns?

Im Juli 1999 hatte Peter Sloterdijk auf Schloss Elmau unter dem Titel *Regeln für den Menschenpark* einen Vortrag gehalten, der wenig später in der Öffentlichkeit erbitterte Debatten auslöste. Sloterdijk hatte in diesem imaginären »Antwortschreiben zu Heideggers Brief über den Humanismus« jenes Menschenbild in Frage gestellt, das sich einer Humanisierung des Menschen durch Literatur und Bildung verpflichtet sah, und demgegenüber den Begriff der »Anthropotechnik« empfohlen, durch die der Mensch sich selbst zum Gegenstand von Veränderungsprogrammen macht, von der Erziehung über die Züchtung bis zur genetischen Manipulation.[28] Solche Überlegungen zur Autoplastizität des Menschen, noch dazu in einen Kontext gestellt, der von Platon über Nietzsche zu Heidegger reichte, genügten damals, um dem Philosophen kryptofaschistische Tendenzen und inhumane Selektions- und Züchtungsphantasien vorzuwerfen. Mittlerweile haben sich die Gemüter längst beruhigt, die Debatte ist Geschichte. Im Rückblick darauf zeigt sich allerdings, dass mit der aus falscher moralischer Besorgnis motivierten ideologischen Fehlleitung dieser Diskussion eine veritable Chance vertan wurde, über das eigentliche Thema zu sprechen: Nach welchen Parametern konstruieren wir den Menschen und wie lassen sich diese Menschenbilder reflexiv wieder einholen?

Am Beginn jener Bilderkette, die den Menschen als das Wesen zeigt, das sich selbst überhaupt erst entwerfen und gestalten muss, sieht nicht nur Peter Sloterdijk die Renaissanceanthropologie des Humanisten Giovanni Pico della Mirandola, der die universelle Autoplastizität des Menschen gelehrt hatte. In seiner grandiosen Rede über die *Würde des Menschen* von 1486 lässt Pico della Mirandola Gottvater zu seinem Geschöpf sagen: »Wir haben dir keinen bestimmten Wohnsitz, noch ein eigenes Gesicht, noch irgendeine besondere Gabe verliehen, o Adam, damit du jeden beliebigen Wohnsitz, jedes beliebige Gesicht und alle Gaben, die du dir wünscht, auch nach deinem Willen und nach deiner eigenen Meinung haben und besitzen mögest. Den übrigen Wesen ist ihre Natur durch die von uns vorgeschriebenen Gesetze bestimmt und wird dadurch in Schranken gehalten. Du bist durch keinerlei unüberwindliche Schranken gehemmt, sondern du sollt nach deinem eigenen freien Willen sogar jene Natur dir selbst vorherbestimmen.«[29]

Man mag das als Beginn der neuzeitlichen Hybris des Menschen zur Selbstermächtigung und auch Selbstschöpfung deuten, oder als vertiefte Reflexion jenes Verdachts, der den Menschen umtreibt, seit er über sich nachdenkt: dass er dasjenige Wesen ist, das sich selbst immer erst herstellen muss. Zumindest seit Nietzsches Bemerkung, dass der Mensch das »nicht festgestellte Tier« sei[30], gehört die Annahme einer fundamentalen Plastizität und Weltoffenheit des Menschen zu den Grundüberlegungen der modernen philosophischen Anthropologie. Vergessen wird, dass Nietzsche diese Offenheit als Symptom einer »krankhaften Entwicklung« gewertet hat. Günther Anders allerdings, der Autor der *Antiquiertheit des Menschen* und einer der schärfsten Kritiker der technischen Zivilisation, hatte diesen Befund in jungen Jahren auf den Punkt gebracht, als er von der »Pathologie der Freiheit« des Menschen sprach und diese mit dem eleganten Satz charakterisierte: »Künstlichkeit ist die Natur des Menschen, und sein Wesen ist Unbeständigkeit.«[31]

Der Begriff der Anthropotechnik ließe sich im Anschluss an dieses Freiheitsprogramm auch als Transformation von Natur in Kunst, angewendet auf den Menschen selbst, verstehen. Technik ist hier allerdings eher im Sinne der antiken *techné* zu verstehen: als ein methodisches Verfahren, als eine Kunstfertigkeit zur Erreichung bestimmter Zecke. Sie hat zur Voraussetzung, dass es keine wie immer geartete Natur des Menschen gibt, die sich selbst genügt oder als Maßstab gelten könnte. Der Naturmensch war immer schon eine Fiktion. Für den Menschen war seine eigene Natur nur das Ausgangsmaterial, das es erst zu gestalten galt. Eine prekäre Radikalisierung erfuhr dieser Sachverhalt allerdings durch die Überlegung, dass es nicht nur darum gehen sollte, den Menschen nach ethischen und ästhetischen Überlegungen zu formen – antike Verfahren, die Michel Foucault als »Technologien des Selbst« beschrieben hat[32] –, sondern darum, den Menschen zu verbessern. Dieses Konzept des »neuen Menschen«, der einen alten hinter sich lassen sollte, ist wohl christlichen Ursprungs. Im Christentum taucht die Idee der Menschenerneuerung in aller Deutlichkeit auf, wenngleich noch gedacht als spirituelles Erlösungsprogramm, so etwa wenn Paulus in einem Brief an die Korinther schreibt: »Darum, ist jemand in Christo, so ist er eine neue Kreatur; das Alte ist vergangen, siehe, es ist alles neu geworden.«[33] Dass dies zu einer rasanten Weiterentwicklung von Anthropotechniken führte, zeigen nicht zuletzt die Innovationen auf dem Gebiet der Selbstdisziplinierung, wie sie etwa ein mönchisches Leben vorschreibt, von der Kasteiung bis zu den Meditationstechniken der Mystiker. Aber auch der umstrittene Begriff des »Übermenschen« aus Nietzsches *Also sprach Zarathustra*, den Sloterdijk in der Elmauer Rede zur Irritation vieler zitierte[34], ist christlichen Ursprungs. Er wurde in der Reformationszeit geprägt, findet sich bei Martin Luther und wurde zu einem beliebten Terminus der pietistischen Erweckungsliteratur: »Im neuen Menschen bist du ein wahrer Mensch, ein Über-Mensch, ein Gottes- und Christen-Mensch«, heißt es in einem Erbauungsbüchlein des 17. Jahrhunderts.[35] Sloterdijks Verweis, dass Nietzsche Darwin und Paulus gleich aufmerksam gelesen habe, verdeutlicht nicht nur diesen Zusammenhang, sondern erhellt auch Sloterdijks Bemerkung, dass Nietzsche, wenn er vom Übermenschen spricht, »ein Weltalter tief über die Gegenwart« hinausdenkt.[36]

Die Idee des neuen Menschen entfaltete allerdings erst in ihrer säkularisierten Gestalt ihre ganze Sprengkraft. Die Utopien der Neuzeit wollten samt und sonders den neuen Menschen kreieren, nun nicht mehr als Resultat einer inneren Anstrengung, sondern als Produkt einer zivilisationstechnischen Revolution, die von allem Anfang an auch die Reproduktion des Menschen aus den Klauen des Zufalls befreien wollte. Im totalitär-utopischen Sonnenstaat des Dominikanermönchs Campanella wird der neue Mensch tatsächlich schon durch eine sexuelle Zuchtwahl produziert; andere Utopisten suchten ihn durch eine radikale Umwälzung der bestehenden Verhältnisse zu erzeugen. Für den russischen Revolutionär und späteren Volkskommissar Anatoli Lunatscharski war die Gesellschaft

»ein Stück Marmor«, aus dem er eine »schöne Menschheit« kreieren wollte.[37]

In seiner späteren Präzisierung der Anthropotechniken hat Peter Sloterdijk wohl zu Recht darauf verwiesen, dass der biopolitische Utopismus, der die technische Verbesserung des Menschen als gigantisches gesellschaftliches Umgestaltungsprojekt dachte, tatsächlich in der Sowjetunion seine ersten und entscheidenden Propagandisten hatte, die letztlich auch schon davon träumten, die Reproduktion der Gattung nicht der sexuellen Beziehung »mehr oder weniger bornierter Individuen« zu überlassen, sondern als »Werk einer auf höchste Ziele verpflichteten Forschergemeinschaft« aufzufassen.[38] Im Kontext der revolutionären Utopien der frühen Sowjetunion zielte die von Valerian Mouravjev ins Spiel gebrachte Anthropotechnik von allem Anfang an so auf die »Produktion eines höheren Menschen« ab.[39] Dass im Kontext dieser Phantasien auch technische Reproduktionsverfahren, die an die Technik des Klonens erinnern, anvisiert worden waren, mag nicht nur eine hübsche Pointe der Weltgeschichte sein, sondern auch eine Bestätigung der These von Günther Anders, nach der die Technik ihre eigenen Imperative formuliert, völlig unabhängig von den sozialen und gesellschaftlichen Systemen, in denen sie sich durchsetzt. Der neue Mensch gehörte so zum Standardrepertoire marxistischer und kommunistischer Wunschvorstellungen, und getreu der Doktrin, nach der die Umstände die Menschen machen, mussten zuallererst die Umstände und mit ihnen so manche Menschen daran glauben, ohne dass allerdings der neue Mensch am Horizont dieser Geschichte aufgetaucht wäre.

Spätestens seit Anbruch der Moderne sind Anthropotechniken, welcher Art auch immer, so nicht nur als therapeutische Korrektive zu auftretenden Defekten oder Abweichungen, sondern tendenziell immer auch als Entwurfs- und Verbesserungstechniken gedacht worden. Das hat zur Voraussetzung, dass man den Menschen, so wie man ihn erlebt, als misslungen, als defizitär, als ungenügend, als Fehlentwicklung oder zumindest als korrekturbedürftig sehen muss. Darin liegt das entscheidende Novum in der Selbstansicht des modernen Menschen: So, wie wir sind, sind wir nicht gut genug. Aber, und dies gehört notwendig zu diesem Bilde: Wir können uns verbessern. Abhängig von der politisch-ideologischen Ausrichtung wollte man den Menschen seitdem im Komparativ: aggressiver oder friedlicher, kälter oder gefühlvoller, härter oder weicher, belastbarer oder sensibler, egoistischer oder solidarischer, und vor allem: intelligenter, gesünder und langlebiger! Alle Bilder, die der Mensch seitdem von sich macht, sind nicht mehr in erster Linie dem Anspruch der Selbsterkenntnis verpflichtet, sondern diese erhält ihre Legitimation erst durch die damit verbundenen Optimierungsprogramme.

Das Bild, das der Mensch von sich entwirft, entspricht in der Regel dem, was der Mensch entwerfen kann. Modelle für die Selbstansichten des Menschen sind seit Anbeginn die Artefakte und Maschinen, die der Mensch selbst imstande war zu konstruieren und zu bauen. Ist Adam noch ganz aus der Perspektive eines frühkulturellen Töpfers, der aus Lehm etwas zu formen weiß, konzipiert, dachte sich der Mensch am Höhepunkt der mechanischen Konstruktionskunst im 18. Jahrhundert als Uhrwerk oder Automat, als Androide, und nach der Erfindung der Dampfmaschine traten in rascher Abfolge die Innovationen der industriellen Revolution als Anleitungen zur Selbstinterpretation des Menschen auf. Die Triebdynamik Sigmund Freuds etwa ist ganz nach dem Modell der Dampfmaschine geformt, mit Triebstau, Überdruckphänomenen, Triebventilen und komplizierten Umleitungen (Sublimationen) der Triebenergien, mit einer der Hydraulik nachempfundenen Funktionsweise des »psychischen Apparats«. Die Erfindungen von Telegraf und Telefon erlaubten es, den Menschen als Relaisstation für Kommunikationsakte zu sehen, die Entwicklung der Elektronenrechner führte zu Modellen des Gehirns und damit des Menschen, die diesen nun als informationsverarbeitende Maschine auf bioelektrischer Basis identifizierten. Diese Bilder dienten nicht nur als Modelle zur Erklärung des Menschen, sondern auch zum Entwurf wirkmächtiger Metaphern für größere soziale Einheiten: der Staat als Maschinerie, in der die Rädchen aufeinander abgestimmt reibungslos im Getriebe funktionieren sollen; oder die Gesellschaft als System, das aus Kommunikationen besteht; oder das Kollektiv als triebdynamischer Apparat, der verdrängt, bis das Verdrängte explosiv wieder an die Oberfläche gelangt. Auch wenn, vor allem in der populären Variante der Evolutionsbiologie, die Strategie, aus der Natur und ihren Gesetzen das Bild des Menschen zu formen, noch einige Anhänger hat – der Mensch als Menschenaffe sozusagen –, dominieren seit langem die technischen Konstruktionen die Selbstansichten des Menschen. In der Genetik schließlich skizzieren evolutionstheoretische und technizistische Pinselstriche ein Bild des Menschen, das diesen nun als Maschine zur Produktion und Streuung von Genen zeigt. Die Entzifferung des genetischen Codes des Menschen erschien vielen deshalb nicht nur als ein entscheidender Schritt zur Selbsterkenntnis, sondern auch als erster Schritt, um nun wirklich an der Verbesserung des Menschen arbeiten zu können.

Geht es um die Verbesserung des Menschengeschlechts, sind unserer Phantasie schon seit langem wenig Grenzen gesetzt. In den technischen Utopien unserer Zeit geht es deshalb mitunter auch gleich um die großen Perspektiven einer Weiterentwicklung der Menschheit bis hin zur Utopie intergalaktischer Zivilisationen. Die Möglichkeiten einer Evolution durch genetische Selbststeuerung oder die Ablösung der Gattung Mensch durch denkende und selbstbewusste Maschinen werden lust-

und angstvoll durchgespielt. Den meisten dieser Konzeptionen liegt die oben diagnostizierte Überzeugung zugrunde: Der Mensch, wie er ist, soll oder wird verschwinden. Wie dies zu bewerkstelligen ist – darüber gehen die Phantasien allerdings auseinander. Grob lassen sich zwei Denkschulen unterscheiden: einmal die Bioingenieure, denen es um die Verbesserung des genetischen Ausgangsmaterials des Menschen geht, die also noch an eine biologische Zukunft glauben, die aber im Wesentlichen durch genetische Selbststeuerung und Verbesserung gekennzeichnet sein wird und zu einem Menschen führen soll, der durch genetisch optimierte Intelligenz, Gesundheit und Langlebigkeit charakterisiert sein wird. Ob diese genetisch manipulierten Menschen womöglich eine eigene, mit herkömmlichen Menschen nicht mehr fortpflanzungskompatible Rasse darstellen werden oder sollen, darüber lassen sich die schönsten Streitgespräche unter Gen-Freaks inszenieren. Interessant ist allerdings, dass für diese Perspektiven auch die Grenze zwischen Mensch und Tier aufgehoben wird. Genetische Verbesserungen können auch aus dem tierischen Genarsenal zusammengesetzt werden, und dass das Insistieren auf den Menschen als eigene Gattung mittlerweile von Tierfreunden unterschiedlichster Provenienz als »Speziesismus« denunziert wird, könnte auch als ideologische Vorbereitung auf eine Selbstentgrenzung des Menschen gedeutet werden, an deren Ende schon seit langem die transhumane Chimäre am Horizont der biotechnischen Machbarkeiten auftaucht.

Die andere Fraktion setzt demgegenüber auf die Ablösung der biologischen Evolution durch die Weiterentwicklung der Maschinen. Vor allem im Bereich der Erforschung und Herstellung künstlicher Intelligenz kursieren seit einiger Zeit Phantasien, die von Maschinenwesen träumen, die das Bewusstsein der Menschen speichern, weiterentwickeln und unsterblich machen könnten und damit, so nebenbei, die Malaise der Leiblichkeit und die damit verbundene Endlichkeit des Menschen überwinden. Dass gerade unter Vertretern der sogenannten Zukunftstechnologie die ganz alte Vorstellung einer möglichen Trennung von Geist und Körper wieder in den Vordergrund rückt, wenn auch mit der wenig erbaulichen Perspektive, den Geist aus dem Körper zu befreien und auf einen Chip zu transferieren, mag verwundern, entspricht aber nur der Beobachtung, dass wir auch mit avanciertesten technischen Möglichkeiten immer wieder auf historisch verbürgte Konzeptionen zurückgreifen. Die Idee, Bewusstsein ließe sich maschinell reproduzieren und einer »funktionalen Unsterblichkeit« zuführen, wie sie vor allem von dem aus Österreich stammenden amerikanischen Computerwissenschaftler Hans Moravec formuliert wurde, ließe sich auch als säkularisierte gnostische Erlösungssehnsucht lesen.[40] Hinter den Träumen vom Cyborg, gar von der reinen Maschine, steht womöglich dieselbe Leibfeindlichkeit, für die das Christentum von der Aufklärung – zu Recht oder zu Unrecht – gegeißelt worden war. Interessant, dass diese unserem modernen Verständnis von Körper, Sinnlichkeit und Sexualität widersprechenden Konzeptionen ihre moralische Anrüchigkeit verlieren, wenn sie nicht als moralisch-religiöse Botschaft, sondern, säkular, als technische Optimierungsoption erscheinen.

Die nahe Zukunft liegt aber wohl in der Gentechnik und nicht in der Transformation von Bewusstsein auf neue physikalische Informationsträger. Abgesehen davon, dass vieles, was gegenwärtig lautstark unter dem Stichwort Gentechnik diskutiert wird, noch Utopie ist – von der Keimbahntherapie bis zum Gendesign von Kindern –, radikalisieren auch die derzeit möglichen Anwendungen der Reproduktionstechnologien – von der In-vitro-Fertilisation bis hin zum therapeutischen und reproduktiven Klonen – in erster Linie die Frage nach dem Verhältnis des Menschen zu seiner Natur. Wenn der Prozess der Modernisierung auch als einer der fortschreitenden Herrschaft und Kontrolle über die Natur aufgefasst werden kann, dann bleibt es fraglich, warum dieser Vorgang ausgerechnet vor der Natur des Menschen selbst haltmachen sollte, zumal diese noch von niemandem eindeutig bestimmt werden konnte. Solch offene Fragen führen übrigens dazu, dass sich für und gegen die Gentechnik seltsame Allianzen bilden. So verwundert es, dass gerade erklärte Anhänger der Milieutheorie oft vehemente Gegner der Gentechnik sind, wo doch eher das Gegenteil zu erwarten wäre: Wer überzeugt davon ist, dass die Umwelt einen wesentlich größeren Einfluss auf die Bildung von Eigenschaften und Verhaltensweisen hat als Erbanlagen, der könnte gentechnischen Modifikationen gelassen entgegensehen; und ähnlich vertreten aufgeklärte Zeitgenossen, die hinter jedem Versuch, menschliches Verhalten genetisch zu erklären, schon Biologismus und Rassismus witterten, nun selbst einen krassen Naturalismus, wenn sie die vermeintliche Natur des Menschen vor den Zugriffen der Gentechnik retten möchten. Hinter der Angstlust angesichts der gentechnischen Zukunftsvisionen zur Menschenbildung steckt bei Gegnern und Befürwortern der Glaube, dass letztlich doch die Gene für alles verantwortlich seien – nur wollen die einen dies ausnützen und die anderen die Finger davon lassen. Dieser Glaube selbst könnte sich aber als verhängnisvoller Irrtum erweisen. Abgesehen von der Schwierigkeit, Verhalten und Eigenschaften von Menschen auf genetische Determinanten zu reduzieren, könnte es sich bald erweisen, dass genetische Modifikationen den Menschen vielleicht gesünder und langlebiger, aber nicht in einem moralischen Sinn besser machen. Solange der Mensch ein Bewusstsein von Freiheit bewahrt, wird er hin und wieder anders handeln, als es das Design-Programm vorgesehen hatte.

Das bedeutet nicht, dass Gentechnik, auch zum derzeitigen Stand, nicht gravierende Folgen hätte. Gentechnik, nicht zuletzt das vieldiskutierte Klonen, könnte vorerst einmal beschrieben werden als die Anwendung der Prinzipien der wissenschaftlich-technischen Zivilisation auf den Menschen selbst. Zum Inbegriff dieser Prinzipien gehört die Produktion von Identitäten. Ein wissenschaftliches Experiment etwa ist nur gültig, wenn es gelingt, identische Ergebnisse durch identische Verfahren unter identischen Bedingungen zu gewinnen. Mit anderen Worten: Ein Experiment muss jederzeit wiederholbar sein. Der industriellen Produktionsweise hat dieses Prinzip zum Erfolg verholfen: Sie stellt massenhaft identische Güter unter identischen Bedingungen her, und selbst in der Kunst triumphiert seit Walter Benjamin die Kopie über das Original. Günther Anders hatte schon in den 1950er Jahren vermutet, dass es der Mensch auf Dauer nicht aushalten werde, nicht in einer ähnlichen Weise gemacht zu werden wie seine erfolgreichen Produkte. Unter dem Stichwort »Human Engineering« hatte Anders, wenn auch mit großer Abwehr, die Tendenz der Entwicklung vorausgesehen: Der Mensch wird seine eigene Entstehung letztlich den von ihm geschaffenen Produktionstechnologien anvertrauen und sich dort, wo er es für profitabel erachtet, in Serie herstellen, um seine »Malaise der Einzigartigkeit«[41] zu überwinden und den Zufall auszuschalten – und dies aus einem einfachen Grund: Wir schaffen uns selbst nach dem Bild der Maschinen, die wir selbst geschaffen haben. Der Mensch ist, gemessen am Standard seiner Produkte, ein singuläres Exemplar, unverwechselbar und sterblich. Das, was lange als »Credo jeder Humanität« galt, die Bedeutung und Unersetzbarkeit des Individuums, muss im Zeitalter serieller Produktion als eklatanter Mangel empfunden werden. Die Zufälligkeit des Geborenwerdens und die Einmaligkeit des Daseins werden, gemessen an dem industriell-technischen Ideal – der Produktion und Reproduktion des Identischen mit identischen Mitteln unter identischen Bedingungen – zum Makel.

In seiner umstrittenen These vom »prometheischen Gefälle« war Günther Anders davon ausgegangen, dass der Mensch hinter der Perfektibilität seiner Geräte immer weiter zurückfällt. Der Leib – und mit der Zunahme von künstlicher Intelligenz, muss man heute wohl hinzusetzen, auch der Geist – bleibt allerdings nicht nur hinter den Geräten zurück, er wird auch, so gut es geht, nach deren Bedürfnissen produziert und reproduziert: »Was aus dem Leib werden soll, ist also jeweils durch das Gerät festgelegt; durch das, was das Gerät verlangt«, heißt es in der *Antiquiertheit des Menschen*. Produktion des Leibes heißt dabei nicht nur die Anpassung des Körpers und seiner Funktionen an die Mechanismen der Maschinerie durch Gewöhnung und Training, Erziehung und Konditionierung, sondern meint in letzter Konsequenz auch die chirurgische und die genetische Veränderung des Körpers: »Die Experimente des *Human Engineering* sind wirklich die Initiationsriten des Roboterzeitalters.«[42] Als Anders dies formulierte, war die Frage nach der physischen Manipulation des Menschen bestenfalls ein Thema für Sciencefiction-Autoren. So schrieb etwa Stanisław Lem in seiner *Summa technologiae*: »Der Mensch ist heute das unzuverlässigste Element an den von ihm geschaffenen Maschinen und zugleich das – in mechanischer Hinsicht – schwächste Glied in den von ihm in Gang gesetzten Prozessen.«[43] Und Lem spielte dann auch ein paar Möglichkeiten durch, Menschen mit technischen Versatzstücken so zu verbessern und zu rekonstruieren, dass dieses Gefälle zwischen Mensch und Maschine wenigstens einigermaßen ausgeglichen werden kann, der Mensch hinter den Möglichkeiten seiner Maschinen nicht völlig zurückbleibt – Phantasien, die von der Wirklichkeit sukzessive eingeholt werden, wenngleich in einer etwas anderen Form als gedacht.

Wie immer man die zukünftigen Möglichkeiten einer genetischen Manipulation des Menschen und die Chancen,

Mensch und Maschine zu verschmelzen und jenen Cyborg zu kreieren, der nicht nur die phantastische Literatur, sondern auch die Philosophie und Anthropologie seit geraumer Zeit umtreibt[44], auch einschätzen mag – die darin zum Ausdruck gebrachten Tendenzen bestätigen implizit die Anderssche These vom prometheischen Gefälle. Denn die Versuche, den Menschen genetisch zu verbessern, mit leistungsfähigeren künstlichen Organen oder mit miniaturisierten Maschinen auszustatten, können auch als Strategien gewertet werden, dieses Gefälle wieder auszugleichen. Gäbe es nicht die unausgesprochene Übereinkunft, im Menschen ein prinzipiell defizitäres Wesen zu sehen, würden transhominide Perspektiven kaum jene Euphorien auslösen, die allenthalben zu beobachten sind. Und dass, wie von Anders prognostiziert, die Maßstäbe für die Verbesserung des Menschen nahezu ausschließlich in dem liegen, was die Geräte an Langlebigkeit, Haltbarkeit, Reproduzierbarkeit, Rechenleistung und Speicherkapazität vorgeben, wird durch nahezu alle Projekte und Utopien bestätigt, die über die zukünftigen Konfigurations- und Transformationsmöglichkeiten des Menschen entworfen werden. Vom aus Stammzellen gewonnenen Organersatzteillager über die Verbesserung der Hirnleistungen durch implantierte Mikroprozessoren bis hin zur technischen Reproduzierbarkeit des Menschen durch die Technik des Klonens reicht die Palette von Strategien und Modellen, die aus dem Arsenal der Automaten und Geräte stammen. Im Bild, das der Mensch von sich entwirft, kommt er selbst immer weniger vor. Er sieht sich zunehmend als Hybridwesen, entweder durch transhumane Gene verbessert oder an hochkomplexe Prozessoren und kybernetische Maschinen angeschlossen. Hybridität könnte zur Leitmetapher einer neuen Anthropologie werden. Zumindest in der Phantasie und in der Reflexion sind die Grenzen zwischen Tier und Mensch auf der einen Seite, zwischen Mensch und

Maschine auf der anderen längst brüchig geworden. Der begrifflich ohnehin seit langem löchrige Zaun, der den Menschenpark vom Tierpark der Natur und vom Maschinenpark der Ingenieure trennt, hat auch in der Realität längst Risse bekommen. Transhumanität ist in der Genetik und Kybernetik zu einer technischen Option geworden.

Wer heute nach dem Menschen fragt, fragt deshalb immer auch danach, ob wir überhaupt noch Menschen sein wollen. Sein Glück, so ließe sich pointiert formulieren, findet der rezente Mensch nur in den Bildern seines Nichtmenschseins. Das Bild, das der moderne Mensch von sich zeichnet, ist also immer schon durchgestrichen. Die zeitgenössische Antwort auf die Frage: Was ist der Mensch? lautet: das, was nicht sein soll. Vielleicht ist es an der Zeit, den Menschen, dieses fragile und fragliche Wesen, das nach älteren Lesarten immer zwischen Freiheit und Notwendigkeit, zwischen Geist und Materie, zwischen Endlichkeit und Unendlichkeit, zwischen Natur und Kultur schwanken muss, zumindest gegenüber den Gebildeten unter seinen Verächtern zu verteidigen.

Der Wert des Menschen

An der Grenze des Humanen

Die Verächter des Menschen sind nicht immer gebildet. Wohl aber sind sie in der Regel informiert. Und vor allem: Sie sind modern. Als wahre Zeitgenossen wissen sie, dass die Rede vom Menschen schlechte Metaphysik ist, und es besser ist, von biologischen Maschinen oder von sozialen Konstruktionen zu sprechen. Oder von Marktteilnehmern. Oder von einer bestimmten Variante von Kapital. Als im Jahre 2004 der Begriff »Humankapital« in Deutschland zum Unwort des Jahres gewählt wurde, waren die Reaktionen darauf deshalb auch durchaus widersprüchlich. Denn anders als bei früheren Unwörtern wie »ausländerfrei«, »Überfremdung« oder »Wohlstandsmüll« ist die inhumane Konnotation dem Begriff »Humankapital« nicht unbedingt auf die Stirn geschrieben. Wer, wie der damalige Verwaltungsratspräsident von Nestlé, Helmut Maucher, von »Wohlstandsmüll« sprach und damit arbeitslose und arbeitsunfähige Menschen meinte, ließ keinen Zweifel daran, dass er solche Personen nicht zuletzt aus Kostengründen lieber in einer Müllentsorgungsanlage denn in einer Arbeitslosen- oder Krankenversicherung sähe; wer aber von Humankapital spricht, kann sich demgegenüber durchaus zugutehalten, einen betriebswirtschaftlich neutralen Begriff zu gebrauchen, der durchaus eine gewisse Wertschätzung des Humanen erkennen lässt. Denn nichts wird heute so gehegt und gepflegt wie eben das Kapital. Wer den Menschen zu einer Form des Kapitals erklärt, spricht damit in gewisser Weise auch eine Wertschätzung aus, die letztlich auch damit zu tun hat, dass einmal das innere Vermögen des Menschen, seine Anlagen und Talente, Modell für Vermögensbildung überhaupt gewesen war. In diesem

Sinne definiert die Europäische Kommission das Humankapital »als die Fähigkeiten und Fertigkeiten sowie das Wissen, das in Personen verkörpert ist und das durch Ausbildung, Weiterbildung und Erfahrung erworben werden kann. Unter diesem Aspekt kann die Investition in Humankapital dazu beitragen, eine Vielzahl von Akteuren wie zum Beispiel den öffentlichen Sektor, Unternehmen und den Einzelnen einzubeziehen.« Wie wichtig das Humankapital ist, wird dann auch durch den Hinweis unterstrichen, dass der Europäische Rat von Lissabon, indem er für die EU das Gesamtziel festlegt, »*die wettbewerbsfähigste und dynamischste wissensbasierte Wirtschaft der Welt*« zu werden, das Humankapital »ins Zentrum seiner Entwicklungsstrategie« gesetzt hat. Es war allerdings – pikant genug – genau diese Formulierung im Papier der Europäischen Kommission, die zur Wahl von »Humankapital« als Unwort geführt hatte. In der Begründung hieß es dann auch, dass dieser Begriff »nicht nur Arbeitskräfte in Betrieben, sondern Menschen überhaupt zu nur noch ökonomisch interessanten Größen degradiert«.[45] Der Wertschätzung des Menschen als Humankapital entspricht die Entwertung des Menschen dort, wo er offenbar kein Kapital mehr darstellt.

Tatsächlich, die Sprache der Gegenwart ist voll von Formulierungen und Floskeln, die im Menschen nur noch eine Quantität sehen, die in diversen Bilanzen positiv oder negativ zu Buche schlägt. Wenn von »Rentnerschwemme«, »sozialverträglichem Frühableben« oder »Ich-AGs« die Rede ist – um nur einige Begriffe aus der Liste der Unwörter der letzten Jahre zu zitieren –, dann drückt sich in diesen Begriffen eine Ökonomisierung und Kalkülisierung des Humanen aus, die als schleichende Diskreditierung des Menschlichen empfunden werden kann. Die seit der Aufklärung im menschenrechtlichen Denken verankerte Ansicht, dass sich der Wert eines Menschen nicht danach bemessen lässt, welchen Nutzen er einem Betrieb oder einer Volkswirtschaft bringt, beziehungsweise welche Kosten er verursacht, scheint brüchig geworden. Die Vorstellung, dass der Wert des Menschen in seinem Menschsein und in nichts sonst schlechthin begründet liegt, klingt in Zeiten angeblich knapper Kassen und verschärfter Wettbewerbsbedingungen zunehmend illusorisch, wenn nicht antiquiert.

Aber auch jenseits des ökonomischen Diskurses hat das Humanum seinen absoluten Wertstatus eingebüßt. Dem Menschen einen besonderen Rang gegenüber anderen Lebewesen einzuräumen, gilt vielen als politisch inkorrekter Anthropozentrismus oder Speziesismus, und dass es menschliches Leben gibt, dessen Wert ausschließlich in seiner Verwertbarkeit liegt, zeigt sich nicht nur in modernen Formen der Sklaverei oder in der Organbeschaffungskriminalität, sondern auch in jenen Frühphasen des menschlichen Lebens, die zunehmend zum Gegenstand medizinisch-technischer Experimente und Manipulationen geworden sind. Wie immer man den ethischen Status von Embryonen beurteilen und argumentieren mag – ihr Wert liegt für die »verbrauchende Embryonenforschung« im wörtlichen Sinn in ihrer Verwertung. Dass das Ziel dieser Verwertungsprozesse nicht nur in wissenschaftlichen und ökonomischen Wettbewerbsvorteilen, sondern letztlich in der Zunahme medizinischer Erkenntnisse und Einsatzmöglichkeiten liegt, macht die Sache nicht einfacher. Den Verteidigern der verbrauchenden Embryonenforschung kann dabei immerhin zugutegehalten werden, dass sie mit einigem intellektuellen Aufwand nachzuweisen versuchen, dass es sich bei den Objekten ihrer Forschung eben nur um Zellhaufen und nicht um schutzwürdiges menschliches Leben handelt: Verbrauchende Menschenforschung will man dann doch nicht betreiben.

Wie und in welchem Sinn lässt sich aber überhaupt von einem Wert des Menschen sprechen? Geht nicht, wer in einem ethischen Sinne vom Wert des Menschen sprechen möchte, in die Falle, die der Wertbegriff selbst bereitstellt? Der Terminus »Wert« ist erst Mitte des 19. Jahrhunderts in die Ethik und die Politik gedrungen. Ursprünglich stammt der Begriff – wie könnte es anders sein – aus der Nationalökonomie und hatte dort einen sehr präzisen Sinn: Der Wert beschreibt, was Dinge am Markt wert sind: ihren Preis, ihren Geldwert. Im Vokabular der Ökonomie ist der Begriff subjektbezogen und heißt: Etwas ist mir etwas wert, und diese Wertschätzung drücke ich durch das aus, was ich dafür bereit bin zu zahlen. Werte beschreiben die subjektive Seite von Zahlungsbereitschaften. Werte sind Präferenzen, durch die Mitglieder einer Geldgesellschaft ihr Zahlungsverhalten steuern. Je stärker eine Präferenz, je größer der Wert, die bestimmten Gütern zuerkannt werden, desto größer die Bereitschaft, dafür viel zu bezahlen. Sind von vielen begehrte Güter zudem noch knapp, steigt der Wert nach dem Gesetz von Angebot und Nachfrage noch einmal. Dinge hingegen, die niemand will oder die ohnehin im Überfluss vorhanden sind, haben deshalb auch wenig oder keinen Wert. Und was immer einen Wert hat, hat deshalb auch einen Preis. Werte im ökonomischen Sinn sind allerdings keine invariante Größen – auch wenn manche ökonomische Wertlehren nach einem objektiven Wertmaßstab suchten. Werte können steigen und fallen, Konjunkturen und Depressionen haben. Werte sind stets Ausdruck einer Mischung von subjektiven Wertschätzungen und allgemeinen Verfügbarkeiten. Werte, und das unterscheidet sie von verbindlichen, religiös oder philosophisch fundierten moralischen Normen oder Geboten, können sich verändern – und gerade deshalb hat Friedrich Nietzsche den Wertbegriff in seiner moralkritischen Philosophie stark gemacht: Ihm war es um die »Umwertung der Werte« gegangen.

Von einem Wert des Menschen zu sprechen, ergäbe unter diesen Voraussetzungen überhaupt nur dann einen Sinn, wenn sich darin die Wertschätzung ausdrückte, mit der Menschen einander gegenübertreten. Das meint allerdings weniger eine moralisch verstandene Form der Achtung oder Anerkennung, sondern – wesentlich nüchterner – den imaginären oder realen Preis, den ich bereit bin, für einen Menschen oder für das, was ich von ihm will, zu zahlen. Thomas Hobbes hat diese nüchterne Bestimmung des Wertes eines Menschen als einer der Ersten formuliert: »Die Geltung oder der Wert eines Menschen ist wie der aller anderen Dinge sein Preis. Das heißt, er richtet sich danach, wie viel man für die Benützung seiner Macht bezahlen würde und ist deshalb nicht absolut, sondern von dem Bedarf und der Einschätzung eines anderen abhängig.«[46] Der Preis, durch den sich der Wert eines Menschen ausdrückt, hatte für Hobbes noch zwei Seiten: die materielle Seite des Geldes, und eine immaterielle, gleichsam symbolische Seite – die soziale Anerkennung. Die Etymologie des Wortes »Preis« zeigt übrigens ebenfalls diese zwei Ebenen. Im Mittelhochdeutschen bedeutete *prîs* noch den Ruhm und die Anerkennung, erst seit dem 16. Jahrhundert nimmt dieses Wort auch die Bedeutung von Geld- oder Kaufwert an. Die Ökonomisierung der Gegenwart drückt sich nicht zuletzt auch darin aus, dass eine Anerkennung, die sich nicht in einem Geldwert ausdrückt, nichts mehr wert ist. Ein Preis ohne Preisgeld gilt wenig, und ein Lob ohne Gratifikation ist mitunter schon ein Ausdruck der Missachtung. Wäre es anders, könnte man ja einmal die verdienstvollen Superstars und Topmanager, statt mit Traumgagen und Bonuszahlungen zu überschütten, so wie einst die Dichter mit Lorbeerkränzen behängen.

Der Begriff des Werts impliziert so zwei Momente: Subjektivierung und Verdinglichung. Alles, was einen Wert hat, kann seinen Wert verlieren, und jeder Wert lässt sich in einem materiellen Äquivalent, in einem Preis ausdrücken. In dem Maße, in dem der Mensch Objekt für die Bedürfnisse, Begierden oder Wünsche anderer Menschen ist, hat er auch einen Wert. Aber er hat diesen Wert nur, indem und insofern er eben Objekt ist, ein Mittel zu Zwecken. Als »Naturwesen«, so schrieb Immanuel Kant in seiner *Metaphysik der Sitten*, ist der Mensch in der Tat ein Wesen von geringer Bedeutung, das durch seine Brauchbarkeit bestimmt ist, die seinen »äußeren Wert« ausmacht, der sich in einem »Preis« ausdrückt. Nur der Mensch »als Person betrachtet, d. i. als Subjekt einer moralisch-praktischen Vernunft, ist über allen Preis erhaben; denn als ein solcher ist er nicht bloß als Mittel zu anderer ihren, ja selbst seinen eigenen Zwecken, sondern als Zweck an sich selbst zu schätzen, d. i. er besitzt eine Würde (einen absoluten innern Wert), wodurch er allen andern vernünftigen Weltwesen Achtung für ihn abnötigt, sich mit jedem Anderen dieser Art messen und auf den Fuß der Gleichheit schätzen kann«.[47] Kant hatte also den messbaren »äußeren Werten«, die sich in Preisen oder Löhnen ausdrücken, den einen, absoluten inneren Wert eines Menschen gegenübergestellt, seine Personalität, die ihm seine Würde verleiht und durch kein Geldäquivalent ausdrückbar ist, weil sie weder vergleichbar noch veränderbar, noch austauschbar ist.

Welche Konsequenzen hat Kant selbst aus dieser Bestimmung der Menschenwürde gezogen? Die oben zitierte Passage findet sich in der »Tugendlehre« der *Metaphysik der Sitten* im Abschnitt über »Kriecherei«. Kant ging es dabei weniger darum, die Würde des Menschen als einen Rechtsanspruch zu verankern, als vielmehr darum, den Menschen an die Pflichten zu erinnern, die ihm aus dieser Würde erwachsen. Und Kant macht dies an folgenden Beispielen deutlich, die ein ganz anderes Licht auf die vorhin zitierte Differenz von Wert und Würde werfen, als gemeinhin angenommen: »Werdet nicht der Menschen Knechte. – Lasst euer Recht nicht ungeahndet von anderen mit Füßen treten. – Macht keine Schulden, für die ihr nicht volle Sicherheit leistet. – Nehmt nicht Wohltaten an, die ihr entbehren könnt, und seid nicht Schmarotzer, oder Schmeichler, oder gar (was freilich nur im Grad von dem Vorigen unterschieden ist) Bettler. Daher seid wirtschaftlich, damit ihr nicht bettelarm werdet. – Das Klagen und Winseln, selbst das bloße Schreien bei einem körperlichen Schmerz ist euer schon unwert, am meisten, wenn ihr euch bewusst seid, ihn selbst verschuldet zu haben: Daher die Veredlung (Abwendung der Schmach) des Todes eines Delinquenten durch die Standhaftigkeit, mit der er stirbt. – Das Hinknien oder Hinwerfen zur Erde, selbst um die Verehrung himmlischer Gegenstände, sich dadurch zu versinnlichen, ist der Menschenwürde zuwider, so wie die Anrufung derselben in gegenwärtigen Bildern; denn ihr demütigt euch alsdann nicht unter einem Ideal, das euch eure eigene Vernunft vorstellt, sondern unter einem Idol, was euer eigenes Gemächsel ist.«[48]

Prima facie würde ein Gutteil dieser Forderungen in jedes wirtschaftsliberale Programm passen. Die Menschenwürde gründet in der Freiheit, und die Freiheit verbietet jede Form von Unterwerfung. Es gehört zu den aus dieser Würde erwachsenen Ansprüchen, so weit es geht für seine wirtschaftliche Unabhängigkeit zu sorgen, um nicht in den entwürdigenden Status des Bettlers oder Almosenempfängers zu geraten. Jemand, der wirtschaftlich sein, also zum Beispiel einer Erwerbsarbeit nachkommen könnte, verstößt gegen seine Würde, wenn er sich ohne Not als Bettler der Willkür und dem Wohlwollen anderer aussetzt. Jemandem, der arbeiten will, diese Möglichkeit allerdings zu verwehren und ihn in den Status des Bettlers zu zwingen, verstößt, so muss wohl im Umkehrschluss vermutet werden, ebenfalls gegen diese Würde. Ein Wirtschaftssystem, das systematisch Arbeitslosigkeit und Armut produziert und den Status des *working poor*, des Menschen, der bettelarm ist, obwohl er oft sogar mehreren Arbeiten nachgeht, ermöglicht, hat deshalb gerade in diesem strengen Sinn etwas Menschenunwürdiges an sich. Die Pflicht zur Sicherung der materiellen Existenz kann aber auch nicht dazu führen, sich zum Knecht anderer zu machen und sich, aus welchen Gründen auch immer, seiner Freiheit zu begeben. Die in gegenwärtigen Ethik-Debatten forcierte Kategorie der freiwilligen Zustimmung hat selbst ihre Grenze an der Integrität der eigenen Person. Auch wer dem Missbrauch und der schädigenden Verzweckung etwa seines Körpers oder Teile seines Körpers freiwillig zustimmte, verstieße gegen dieses Prinzip. Oder mit anderen Worten: Sklaverei oder Verstümmelung ist keine Sache, die sich mit dem Hinweis auf die freiwillige Zustimmung der Betroffenen rechtfertigen ließe.

Diese Differenz von Wert und Würde ist im Auge zu behalten. Die Ökonomisierung und Vernutzung des Menschen, wie sie sich in Begriffen wie Humankapital oder Ich-AG ausdrücken mag, setzt den Wert des Menschen deshalb nicht herab, sondern drückt ihn und die Parameter, nach denen dieser Wert bemessen wird, nur aus. Wohl aber verstößt sie gegen den kantischen Begriff der Würde, sofern durch solch eine Redeweise und der damit verbundenen Praxis der Mensch nur mehr als Mittel für die Befriedigung der Bedürfnisse der Ökonomie und nicht mehr als Person, als Zweck an sich gesehen wird oder – und das wäre eine gerne unterschlagene Pointe bei Kant – sich selbst nur mehr zum Mittel für fremde Zwecke degradiert. Wer seinen Körper und seinen Geist nur noch als Kapitalanlage oder Aktie betrachtet, die möglichst gewinnträchtig angelegt werden muss, hat im strengen Sinn seine eigene Würde verletzt. Das erklärt vielleicht auch das unangenehme Gefühl, das einen beschleichen mag, wenn man Menschen bei den teils komischen, teils verzweifelten Versuchen beobachtet, ihre individuelle Performance durch eine ratgebergeleitete Selbstanpreisung zu steigern.

Was aber bedeutet es, jemanden als Person zu betrachten,

als Zweck an sich zu schätzen und seine Würde anzuerkennen? »Die Würde des Menschen ist unantastbar. Sie zu achten und zu schützen ist Verpflichtung aller staatlichen Gewalt.« Der erste Artikel des deutschen Grundgesetzes, motiviert nicht zuletzt durch das nationalsozialistische Trauma, ist längst selbst zum Gegenstand rechts- und moralphilosophischer Auseinandersetzungen geworden. Denn die in diesem Artikel gewählten Formulierungen offenbaren auch die Problematik, die mit dem Begriff der Menschenwürde verbunden ist. Dass die Menschenwürde unantastbar ist, kann wohl nicht die deskriptive Beschreibung eines Sachverhalts sein – dann wäre der zweite Satz überflüssig –, sondern hat selbst einen normativen Sinn: Die Würde des Menschen darf nicht angetastet werden. Das kann bedeuten, dass in konkreten Fällen die Menschen vor der Verletzung ihrer Würde etwa durch Verfolgung, Diskriminierung, Erniedrigung und Demütigung geschützt werden sollen, das kann aber auch bedeuten, dass das Prinzip der Menschenwürde als Leitidee einer rechtsstaatlichen Verfassung nicht in Frage gestellt werden darf. Worin aber besteht dieses Prinzip?

Der Begriff der Menschenwürde, gerade in dem von Kant gebrauchten Sinn, wirft eine Reihe von Fragen auf, deren Beantwortung nicht nur den Geltungsbereich dieser Würde, sondern auch die Verfahren und Handlungen in Hinblick auf diese Würde bestimmen. Eine, vor allem für die Auseinandersetzung um die verbrauchende Embryonenforschung, die Präimplantationsdiagnostik und die Euthanasie an Komatösen, Schwerstkranken oder anenzephalen Neugeborenen wichtige Frage bezieht sich darauf, wer diese Würde oder den Status des Personseins überhaupt besitzt. In der philosophischen Diskussion haben sich dazu im Wesentlichen zwei Zugänge herauskristallisiert. Einmal der Versuch, den Status des Personseins an empirische Gegebenheiten rückzubinden, wie etwa Selbstbewusstsein, Rationalität, Dialogfähigkeit oder die Fähigkeit, Interessen zu haben und zu artikulieren. Und zum anderen in der These, dass das Personsein strikt an das Faktum des Menschseins gebunden ist, ungeachtet des jeweiligen empirischen Zustandes oder Entwicklungsstadiums, in dem dieses Menschsein sich gerade artikuliert oder befindet. Naturalistisch gewendet, erscheint diese Position vielen auch als sogenannter Speziesismus, da das Personsein von der biologisch definierten Zugehörigkeit zur Gattung Mensch abhängig erscheint, während umgekehrt der Aufzählung von für das Personsein relevanten Eigenschaften immer ein bestimmtes Maß an Kontingenz und Willkürlichkeit inhärent zu sein scheint: Niemand ist stets in gleicher Weise wach, selbstbewusst und rational.

Immanuel Kant hat Person übrigens als dasjenige Subjekt definiert, dessen Handlungen einer Zurechnung fähig sind, dabei aber zwischen einer psychologischen Persönlichkeit und einer moralischen Persönlichkeit unterschieden. Die psychologische Persönlichkeit stellt »bloß das Vermögen dar, sich seiner selbst in den verschiedenen Zuständen der Identität seines Daseins bewusst zu werden«, während die moralische Persönlichkeit »nichts anderes ist als die Freiheit eines vernünftigen Wesens unter moralischen Gesetzen«.[49] Diese und ähnliche Formulierungen zeigen übrigens, dass Kant kein Speziesist gewesen ist. Nicht die biologische Zugehörigkeit zu einer Gattung entscheidet über den Status der moralischen Persönlichkeit, sondern die an die Vernunft gekoppelte Freiheit. Jedes Wesen, und sei es von einem anderen Stern oder eine kybernetische Maschine, das sich prinzipiell dieser Freiheitserfahrung ausgesetzt sieht, müsste als Person betrachtet werden.

Dieser Status, und darin liegt die Schwierigkeit, ist bei Kant an einen Vernunftbegriff gekoppelt, der selbst wiederum kein empirisches Korrelat hat. Wir hören nicht auf, vernünftige oder prinzipiell mit Vernunft begabte Wesen zu sein, wenn wir gerade schlafen, betrunken sind oder uns unseren Affekten hingeben. Die Frage, inwiefern Ungeborenen oder Sterbenden dieser Status schon oder noch zukommt, hat deshalb Kant wahrscheinlich nicht wirklich interessiert, auch wenn er davon ausgeht, dass ein soeben »gezeugtes« oder »erzeugtes« mit »Freiheit begabtes« menschliches Wesen schon »Person« ist und deshalb so lange gepflegt und gebildet werden muss, bis es seiner selbst mächtig ist.[50] Ähnlich ging Kant davon aus, dass ein Mensch sich seiner Persönlichkeit nicht entäußern kann, »so lange von Pflichten die Rede ist, folglich so lange er lebt«.[51] Nicht zuletzt die Entwicklungen der modernen medizinischen Technologien am Anfang und am Ende des Lebens haben allerdings aus den gleichsam zufällig-natürlichen und deshalb philosophisch eher unproblematischen Ereignissen der Zeugung beziehungsweise der Geburt und des Todes eine Grauzone werden lassen, die mit den herkömmlichen Kategorien der verschiedenen Ethiken nur schwer zu durchleuchten ist. Die Debatten darüber, ob in vitro erzeugte Embryonen unter die Menschenwürde fallen, dokumentieren dies ebenso wie die Versuche, die Frage des Todes zu einem Moment der Selbstbestimmung werden zu lassen.

In einem Punkt allerdings kann der Rekurs auf Kant helfen, ein weitverbreitetes Missverständnis aufzuklären. Die Behauptung der unveräußerlichen Würde des Menschen bedeutet nicht in allen Fällen dessen uneingeschränktes Lebensrecht. Der Begriff der Menschenwürde ist bei Kant noch nicht mit einer absolut verstandenen »Heiligkeit des Lebens« verbunden. So hatte Kant die Todesstrafe für Mörder gefordert und mit dem Argument verteidigt, dass es das Prinzip des Wiedervergeltungsrechtes erfordert, den Mörder zu töten, um dem kategorischen Imperativ der Gerechtigkeit zu genügen. Verwerflich wäre solch eine Hinrichtung allerdings, würde sie etwa zum Zweck der Befriedigung niederer Schaugelüste oder der Abschreckung durchgeführt.

Die letzte Überlegung ist dann auch tatsächlich der Punkt, in dem viele den (kantischen) Kern des Gedankens der Menschenwürde sehen: dass diese es verbietet, menschliches Leben ausschließlich instrumentell zu gebrauchen. Und wie es scheint, ist dieses Verbot nicht mehr in jeder Hinsicht zustimmungsfähig. Die Tendenz zur Instrumentalisierung und Selbstinstrumentalisierung des Menschen ist unübersehbar. Die Grenzen des Humanen sind durch die Erkenntnisse und Fortschritte der modernen Biowissenschaften auf der einen Seite weiter und unschärfer geworden. Die starren Linien zwischen Tier und Mensch verflüchtigen sich ebenso wie die einstens strenge Grenze zwischen Tod und Leben. Auf der anderen Seite sind zahlreiche Bemühungen im Gange, die Grenzen des Humanen zunehmend zu verengen. Dort, wo nur noch der gesunde, schöne und arbeitsfähige Mensch zum Maßstab des Menschlichen wird, wo also die Frage nach der Würde an eine letztlich kontingente Wertung gekoppelt wird, droht dieses selbst in einer vielleicht irreversiblen Weise beschädigt zu werden.

Ein nüchterner Blick auf die Welt zeigt, dass der Wert des Menschen weder absolut noch überall gleich ist. Und dies muss und kann auch gar nicht sein. In dem Maße, in dem wir immer auch Mittel für andere darstellen und andere als Mittel für unsere Zwecke gebrauchen, wird der Wert des Menschen und damit sein Preis je nach seiner Nützlichkeit und Begehrtheit schwanken und variieren. Welche Wertvorstellungen sich auf dieser Ebene durchsetzen, ist letztlich – da hatte Hobbes recht – keine Frage der besseren Argumente, sondern eine Frage von Angebot und Nachfrage. Wollen wir darüber hinaus aber, kantisch gesprochen, auch in jedem Menschen die Idee der Menschheit achten, ihn also als vernunftbegabte Person, als einen Zweck an sich achten, weil wir selbst in dieser Weise geachtet werden wollen, wird die Herausforderung der Gegenwart darin bestehen, ob und wie wir diese Idee mit den Faktizitäten des modernen Kapitalismus und des biotechnischen Fortschritts überhaupt noch in Einklang bringen können. Die Würde des Menschen ist nichts, was ihm auf die Stirn geschrieben steht oder an seinen Merkmalen oder Eigenschaften einfach abgelesen werden könnte. Die Würde ist immer auch etwas, das beansprucht und durchgesetzt werden muss. Es muss daran erinnert werden, dass die Menschenwürde nicht von den Eliten, sondern von denjenigen als Anspruch formuliert worden ist, denen man ein menschenwürdiges Leben abgesprochen hatte. Aus guten Gründen ist deshalb von dem deutschen Philosophen Arnd Pollmann vorgeschlagen worden, zwischen dem immer nur graduell vorhandenen »Würdebesitz« und dem unbedingt geltenden »Würdeschutz« zu differenzieren: »Die Menschenwürde ist weder Mitgift noch Leistung, noch Eigenschaft, sondern ein in Realisierung begriffenes Potential, an dem zwar jede menschliche Lebensform von vornherein teilhat, das aber nur dann vollständig verwirklicht werden kann, wenn die Betroffenen grund- und menschenrechtlichen Schutz genießen und sich entwickeln dürfen. Anders gesagt: Der uneingeschränkte Würdebesitz ist nicht etwa die Voraussetzung, sondern das Worumwillen eines ebenso uneingeschränkten Würdeschutzes.«[52]

Ob und inwiefern wir dem menschlichen Leben in seinen unterschiedlichen Erscheinungsformen, von der Zeugung oder Erzeugung über die unterschiedlichen Erscheinungsformen von Gesundheit und Krankheit bis hin zu Sterben und Tod, diesen Würdeschutz zuerkennen, ist vielleicht, aber nicht nur eine Frage der mehr oder weniger subtilen philosophischen und ethischen Argumentation, sondern auch eine Frage, welche Konzeption des Menschlichen wir tatsächlich wollen. Wie weit man hier gehen kann oder gehen will, wo genau diese Grenze zwischen dem Wert und der Würde des Menschen gezogen werden soll, wird auch, ja vielleicht in einem besonderen Maße zu einer Frage der Politik, oder, um mit Nietzsche zu sprechen, zu einer Frage der Macht.

Der Staat

An der Grenze zwischen Macht und Ohnmacht

Eine Frage der Macht: Dies hieß vor noch nicht allzu langer Zeit, danach zu fragen, wer die Macht im Staate besitzt. Und damit war auch die Frage nach der Macht des Staates und seiner Akteure gegenüber Einzelnen, gesellschaftlichen Gruppen und Verbänden gemeint. Aktuell allerdings lassen sich Macht und Staat nur noch schwer bruchlos zusammendenken. Dass der Staat an die Grenzen seiner Möglichkeiten gekommen sei, wird von fast niemandem mehr bezweifelt. Wo aber genau diese Grenze verläuft, ist mehr denn je fraglich geworden. Denn vom Staat haben wir offenbar immer entweder zu viel oder zu wenig. Dazu zwei Beispiele: Das jährliche Doppelheft der gewichtigen Zeitschrift *Merkur* fragte im Herbst 2010 mit einer Wilhelm von Humboldt entlehnten Formulierung nach den »Grenzen der Wirksamkeit des Staates«. Der Untertitel machte die Stoßrichtung klar: »Über Freiheit und Paternalismus«.[53] Der Staat, das ist der ausufernde, alle Lebensbereiche umfassende, für- und vorsorgende Sozial- und Wohlfahrtsstaat, der aus freien Bürgern unmündige, im Anspruchsdenken verhaftete, letztlich verwahrloste Empfänger von Transferleistungen macht. Diesen Staat gilt es in seiner Wirksamkeit zu beschneiden, zurückzudrängen. Von diesem Staat haben wir offensichtlich zu viel. Nahezu zeitgleich erschien eine Ausgabe des deutschen Nachrichtenmagazins *Der Spiegel* mit dem knalligen Titel »Das Staatsversagen«. Der Untertitel machte auch hier die Stoßrichtung klar: »Warum Deutschland an der Integration scheiterte«.[54] Im Anschluss an die Sarrazin-Debatte kritisierten die Autoren das Fehlen staatlicher Interventionen in Fragen der Migration: zu wenig Hilfestellung, zu wenig Anreize, zu wenig Angebote, zu wenig Kindergärten, zu wenig Lehrer, zu wenig Sprachkurse, zu wenig Infrastruktur, zu wenig Betreuung. Von diesem Staat, der sich sorgend um alle kümmert und weiß, was ihnen guttut, haben wir also noch immer zu wenig.

Keine Frage, vieles, was lange mit dem Staat und seinen Aufgaben identifiziert worden war, wurde in den letzten Jahren theoretisch und praktisch in Frage gestellt. Die Rede war vom »schlanken Staat«, der überflüssige Funktionen abgibt, auslagert oder privatisiert, sich aus vielen Bereichen – nicht nur der Ökonomie – zurückzieht und selbst zu einem kleinen, feinen, auf wenige Kernkompetenzen reduzierten Dienstleistungsunternehmen mutiert, das ebenso weit entfernt scheint vom einstigen Bild des Staates als Hort und Ausdruck von Macht und Herrschaft als auch vom aufgeblähten Wohlstandsstaat, der sich paternalistisch in alle Belange seiner Bürger einzumischen pflegte und deren tendenzielle Entmündigung mit einer umfassenden Versorgung honorierte. Neben dem Konzept des schlanken Staates tragen aber auch Globalisierung und die Depotenzierung der traditionellen Machtgefüge im Rahmen der Europäischen Union dazu bei, sowohl die seit dem 19. Jahrhundert geläufige Idee des territorialen Nationalstaates als auch das damit verbundene Konzept der repräsentativen Demokratie zu diskreditieren.

Die moderne Demokratie gründet auf zwei Voraussetzungen: dem Territorialstaat und der Nation, also dem Staatsvolk, gedacht als Einheit freier Bürger. Beides könnte verschwinden. Nicht nur die politische Internationalisierung wie im Fall der EU, vor allem die ökonomische und telekommunikative Mobilität, die auch eine Mobilität von Kapital und, wenn auch in geringerem Ausmaß, von Menschen ist, bringt das Staatskonzept des 19. Jahrhunderts ins Wanken. Urheberrechtsprobleme im Internet, Steuerrechtsprobleme bei internationalen Produktionsprozessen, der nahezu staatenlose Charakter des mobilen Finanzkapitals und ein zunehmender Migrationsdruck als Resultat eines globalen ökonomischen, sozialen und ökologischen Gefälles sind nur die ersten Anzeichen eines allmählichen Verschwindens des Staates in seiner vertrauten Gestalt als einer Gemeinschaft in Grenzen, die aus diesen Grenzen ihre Souveränität als politisches Subjekt bezog. Die Krise der großen Institutionen, die Krise des Beamtenwesens ist auch eine Krise jener bürokratischen Herrschaft, die nach Max Weber am ehesten die rationale Ordnung der Macht hätte garantieren sollen.

Von Macht allerdings war im Zusammenhang mit dem Staat in letzter Zeit kaum noch die Rede. Es ist wohl kein Zufall, wenn wir bei Staat in erster Linie nicht mehr an ein politisches Subjekt denken, sondern an eine Organisation, die im Wesentlichen die Aufgabe hat, die Defizite einer kaum noch zu kontrollierenden gesellschaftlichen und ökonomischen Dynamik auszugleichen und abzufedern. Armutsbekämpfung, die Herstellung von Chancengleichheit, die Integration von Migranten, die Gleichberechtigung der Geschlechter, der Kampf gegen Diskriminierungen, die Sicherung der Pensionen, die Durchsetzung hygienischer und gesundheitspolitischer Standards, die Bereitstellung von Bildungseinrichtungen aller Art – das sind die Bereiche, in denen der Staat aktuell in Erscheinung tritt, und je nach ideologischer Ausrichtung kann man der Auffassung sein, dass all dies in einem noch immer zu geringen oder schon in einem viel zu hohen Maße geschieht.

Nicht zuletzt die Finanz- und Wirtschaftskrise der letzten Jahre brachten den Staat aber wieder in einer kaum mehr geglaubten Form zurück ins Spiel. Als Retter für diejenigen, die vorher den Rückzug des Staates gepredigt hatten und nun die fatalen Konsequenzen ihrer Risikobereitschaft nicht mehr tragen wollten oder konnten, und als Regulator jener Märkte, die man vielleicht vorschnell allen Kontrollen entzogen hatte. Für einen kurzen Moment schien es so, als wären es wieder die Staaten, die in Zeiten der großen Krise die relevanten Entscheidungen zu treffen hätten, nicht die Märkte. Aber auch hier agierte der Staat nicht, sondern er reagierte und bekam dadurch mehr denn je seine Grenze zu spüren. Plötzlich war das Undenkbare denkbar geworden: der Staatsbankrott. Was ist nun der Staat, was sind seine legitimen und was seine angemaßten Aufgaben, in welchen Bereichen können und wollen wir auf ihn verzichten, und in welchen hätten wir gerne mehr staatliche Eingriffe, Regeln und Kontrollen?

Werfen wir kurz einen Blick zurück. Denn am Beginn des neuzeitlichen politischen Denkens stand eine andere Funktionszuschreibung des Staates. Der Idee nach ist der moderne Staat von Anfang an als eine Instanz gedacht worden, deren Ziel es sein sollte, Sicherheit und Frieden seiner Bürger zu garantieren. Niemand hat diese Idee präziser formuliert als Thomas Hobbes in seinem berühmten und berüchtigten *Leviathan*. Ausgangspunkt der Analyse von Hobbes ist der Mensch, Hobbes' Staatsphilosophie ist angewandte Anthropologie. Nur wenn wir den Menschen so betrachten, wie er von Natur aus ist, werden wir seine Handlungen verstehen. Natürlich weiß auch Hobbes, dass er den Naturzustand des Menschen nicht mehr empirisch beobachten kann; seine Rekonstruktion des Naturzustandes ist fiktiv, ist eine logische Operation, die notwendig ist, um den Menschen zu analysieren. »Der Mensch« – so schreibt Thomas Hobbes, übrigens in keinem seiner Hauptwerke, sondern in einem Widmungsschreiben seiner *Elemente der Philosophie* an den Grafen von Devonshire – »ist des Menschen Wolf.« Von diesem Satz, der auf den antiken Komödiendichter Plautus zurückgeht, wird in der Regel das Bild eines bestialischen, räuberischen, gefährlichen, aggressiven, einzelgängerischen, unsolidarischen und bösartigen Menschen als Kern von Hobbes' Anthropologie deduziert. Das ist aber nur die halbe Wahrheit, denn in diesem Schreiben an William von Devonshire heißt es auch: »Der Mensch ist ein Gott für den Menschen.« Es ist aber der Doppelsatz, der eigentlich die Position des Thomas Hobbes charakterisiert. Als Einzelgänger im Naturzustand ist der Mensch tatsächlich gefährlich, ist für seinen Artgenossen ein Wolf. Schließt sich der Mensch jedoch zu einem Staatswesen zusammen, zu einer Ordnung, zu einer kontrollierten vernünftigen Form des Zusammenlebens, dann wird er für seinesgleichen zu einem Gott.[55]

Im Naturzustand – so Thomas Hobbes – stehen sich Menschen feindlich als Einzelne gegenüber. Warum? Weil sie alle gleich sind. Hobbes geht davon aus, dass es keine natürlichen gravierenden Unterschiede zwischen den Menschen gibt. Es gibt von Natur aus kein Oben und Unten, es gibt von Natur aus keinen Besitz, es gibt deshalb von Natur aus auch kein Recht. Hobbes zieht allerdings aus dieser ursprünglichen Gleichheit der Menschen eine radikale Konsequenz. Wenn alle Menschen gleich sind, haben sie auch die gleichen Bedürfnisse, die gleichen Wünsche, und wenn sie diese Bedürfnisse nicht, wie Hobbes es formuliert, gemeinsam befriedigen können, weil die Ressourcen etwa zu knapp sind, dann folgt gerade aus dieser Gleichheit, dass die Menschen im Kampf um ihre Lebenserhaltung einander feindlich gegenüberstehen müssen.

Der Mensch, so Thomas Hobbes, hat im Grunde nur ganz wenige Triebe, Beweggründe und Motive, die sein Handeln bestimmen. An erster Stelle steht die Selbsterhaltung. Jeder Mensch will leben, und das ist sein natürlichstes Recht, das ihm auch nicht genommen werden kann. Und aus diesem Recht leitet Hobbes ab, dass der Mensch imstande sein und das Recht haben muss, sich dieses Leben zu erhalten, es zu verbessern und, wenn es angegriffen wird, auch zu verteidigen. An zweiter Stelle steht bei Hobbes das Streben nach Macht, das heißt nach Lebensverbesserung, nach Lebenssteigerung, nach der Möglichkeit, ebendiese Lebenserhaltung zu sichern. Macht ist nichts anderes als die Summe der Mittel, die der Mensch einsetzen kann, um die für ihn erstrebenswerten Güter zu erlangen. Und an dritter Stelle – und das gilt nach Hobbes ebenfalls für alle Menschen – steht das Streben nach Anerkennung. Wir alle gieren nach Anerkennung, und zwar aus einem sehr einfachen Grund: Die Anerkennung ist die Währung, über die wir etwas über unseren Wert erfahren: »Die Geltung oder Wert eines Menschen ist wie der aller anderen Dinge sein Preis. Das heißt, er richtet sich danach, wieviel man für die Benützung seiner Macht bezahlen würde und ist deshalb nicht absolut, sondern von dem Bedarf und der Einschätzung eines anderen abhängig.«[56] Was ein Mensch wert ist, hängt davon ab, wie die anderen ihn einschätzen, welche Anerkennung, welche Wertschätzung sie ihm zuteilwerden lassen. Der Wert eines Menschen wird gehandelt wie eine Ware auf dem Markt nach Angebot und Nachfrage, und wir versuchen, auf diesem brutalen Markt möglichst viel Anerkennung zu akkumulieren.

Diese drei Motive allerdings – Selbsterhaltung, Streben nach Macht, Streben nach Anerkennung – müssen zu einem Kampf, zu einem kriegerischen Zustand führen, denn diese Motive bedeuten Konkurrenz, Misstrauen und Ruhmsucht. Das aber bedeutet: Menschen in diesem fiktiven Naturzustand leben ständig in Furcht. Ihr Leben ist von Angst und Unsicherheit gekennzeichnet. Der Kriegszustand jeder gegen jeden, den Hobbes als den eigentlichen Naturzustand beschreibt, bedeutet allerdings nicht, dass pausenlos gekämpft und gemordet wird, sondern bedeutet auch, stets auf den Krieg vorbereitet zu sein, ständig misstrauisch und argwöhnisch zu sein, seine Mitmenschen genauestens zu beobachten, ob sie nicht negative oder aggressive Strategien entwickeln. Ja, dieser Kriegszustand – so Thomas Hobbes – beginnt dort, wo der Bürger nachts seine Tür versperrt, weil er sich nicht sicher sein kann, dass der Nachbar sein Eigentum respektiert. Alle diese Formen des Misstrauens, alle diese Formen der Vorsicht, alle diese Formen der Angst und der Furcht vor den Taten des Nächsten sind für Hobbes Indiz dafür, dass wir diesen ursprünglichen Naturzustand eines Kampfes jedes gegen jeden noch immer nicht überwunden haben.

Nur aus dieser Furcht heraus aber wird der Naturzustand überhaupt verlassen. Der Mensch strebt nach Sicherheit. Er muss sich deshalb mit den anderen Menschen arrangieren. Es ist eine knapp kalkulierende Vernunft, die dem Menschen nahelegt, sich im eigenen Interesse mit den anderen ins Einvernehmen zu setzen. Nicht aus Menschenliebe, nicht aus Nächstenliebe, nicht aus Solidarität, nicht aus irgendwelchen moralischen Empfindungen suchen wir die Nähe, den Zusammenschluss mit anderen, sondern rein aus diesem berechnenden Motiv der Selbsterhaltung. Arrangement aber bedeutet den Abschluss von Verträgen zur Gewährleistung der wechselseitigen Sicherheitsinteressen. Die besondere Pointe bei Thomas Hobbes ist allerdings, dass er sich diesen Gesellschaftsvertrag nur als einen Unterwerfungsvertrag unter eine allerhöchste, souveräne, absolut regierende Instanz vorstellen kann, da es nur einen Herrn und Hüter der Verträge geben kann, der deren Einhaltung garantieren und durchsetzen kann: den Staat.[57]

Solange die Menschen untereinander Verträge schließen, können sie ja nie sicher sein, ob der Partner nicht vertragsbrüchig wird. Es bedarf einer Instanz, die darüber wacht, dass Verträge auch tatsächlich eingehalten werden. Es bedarf einer Instanz, die so viel Macht hat, dass sie die Einhaltung der Verträge im Ernstfall auch mit Gewalt erzwingen kann. Damit das geschehen kann, darf diese Macht allerdings nicht selbst Vertragspartner sein, sondern sie muss eine Instanz außerhalb dieses Vertragswerkes darstellen. Ein Staat bedeutet für Thomas Hobbes die Unterwerfung aller Menschen gleichmäßig und gleichartig unter ein höchstes Macht- und Gewaltprinzip, es bedeutet die Delegierung eigener Machtinteressen an eine höhere Instanz. Diesen Staat beschreibt Hobbes nun mit dem umstrittenen mythologischen Bild des Leviathan, dieses Untiers aus dem Buch Hiob. Der Leviathan, das Staatswesen, setzt sich auf der einen Seite aus allen Bürgern zusammen, und ist auf der anderen Seite doch jener – wie Hobbes schreibt – sterbliche Gott, jene ungeheure Maschine, die allen das Recht und die Sicherheit und den Frieden dadurch garantieren soll, dass der Staat alle Gewalt und alle Machtausübung monopolisiert hat. Hobbes ist der Theoretiker, auf den die bis heute gültige Vorstellung vom Gewaltmonopol des Staates – das Kernstück jeder modernen Staatsidee – zurückgeht. Allerdings konnte sich Hobbes dieses Gewaltmonopol nur in Form einer absoluten Herrschermacht denken – und dies bedeutet auch: »Die Verpflichtung der Untertanen gegen den Souverän dauert nur so lange, wie er sie auf Grund seiner Macht schützen kann, und nicht länger.«[58] Bis heute muss man sich über eines klar sein: Die Legitimität und die Sinnhaftigkeit eines Staates ist unbedingt daran gebunden, ob und inwiefern er seinen Bürgern jene sicheren Rahmen- und Lebensbedingungen garantieren kann, die es diesen wiederum erlauben, in Ruhe und Frieden ihren Geschäften nachzugehen.

Der Preis für diese Sicherheit kann allerdings hoch, vielleicht zu hoch sein – wenn dafür jene Freiheit entscheidend wieder eingeschränkt wird, um derentwillen der bürgerliche Verfassungsstaat die Sicherheit seiner Bürger ja garantieren wollte. Mit dem Hinweis auf terroristische Bedrohungen wurden und werden im letzten Jahrzehnt in westlichen Demokratien die Freiheits- und Bürgerrechte der Menschen empfindlich eingeschränkt, in der Hoffnung auf präventive Verbrechens- und Terrorbekämpfung werden Videoüberwachungen, biometrische Reisepässe, Nacktscanner, Telefonüberwachungen, Online-Durchsuchungen und Vorratsdatenspeicherungen verlangt und durchgesetzt. Die modernen Kommunikationsmedien lassen Privatheit verschwinden, und der Staat lässt sich die dadurch gebotene Chance, wieder Zugriff auf das Leben und Denken seiner Bürger zu bekommen, nicht entgehen. Der »Überwachungsstaat« ist das andere Gesicht des modernen Staates, der zu einem flächendeckenden »Angriff auf die Freiheit« ansetzt.[59]

Fast so alt wie die Theorie des modernen Staates ist deshalb auch die prinzipielle Kritik am Staat, vorgetragen im Namen der Freiheit: »Die Idee der Menschheit voran, will ich zeigen, dass es keine Idee vom *Staat* gibt, weil der Staat etwas *Mechanisches* ist, so wenig als es eine Idee von einer *Maschine* gibt. Nur was Gegenstand der *Freiheit* ist, heißt *Idee*. Wir müssen also über den Staat hinaus! – Denn jeder Staat muss freie Menschen als mechanisches Räderwerk behandeln; und das soll er nicht; also soll er *aufhören*.«[60] Diese Sätze stammen aus einem der merkwürdigsten Dokumente der europäischen Geistesgeschichte, dem sogenannten *Ältesten Systemprogramm des deutschen Idealismus*, ein erst 1917 entdecktes Fragment, das um 1797 entstanden ist und höchstwahrscheinlich gemeinsam von Hegel, Schelling und Hölderlin verfasst worden war. Möglich, dass diese Sätze unter dem Eindruck des jakobinischen Terrors geschrieben worden sind. In der Phase der Entstehung des modernen Staates, wenige Jahre nach der Französischen Revolution, wird die prinzipielle Unvereinbarkeit von Staat und Freiheit festgehalten. Nicht aus Sorge um die Freiheit der Märkte allerdings, sondern aus Sorge um die Freiheit des Geistes wird dem Staat eine Absage erteilt – ein Motiv, das mittlerweile aus jeder Form der Staatskritik verschwunden ist.

Die Aufhebung des Staates wird als die Voraussetzung wahrer Menschlichkeit gefordert, die sich – romantisch genug – in einer Verschwisterung von Vernunft und Mythologie, in einer neuen schöpferischen Poesie, in der Aufhebung sozialer Differenzen durch eine universelle Kreativität realisieren sollte. Keine Frage, dass die anarchistischen Konzepte und Philosophien des 19. Jahrhunderts – Max Stirner, Bakunin, Kropotkin – in hohem Maße von dieser romantischen Idee inspiriert waren, die den Staat nur als Herrschaftsinstrument begreifen konnten, dessen man sich am besten sofort entledigen sollte, um die individuelle Freiheit uneingeschränkt realisieren zu können. Dazu nur ein Beispiel aus Michail Bakunins *Staatlichkeit und Anarchie* von 1873: »Kein Staat, wie demokratisch auch immer seine Formen sein mögen, und sei es die röteste *politische* Republik [...], kann dem Volk das geben, was es braucht, nämlich die freie Organisation der eigenen Interessen von unten nach oben, ohne jede Einmischung, Bevormundung oder Nötigung von oben, weil jeglicher Staat, selbst der republikanischste und demokratischste, letzten Endes nichts anderes darstellt, als die Beherrschung der Massen von oben nach unten, durch eine intellektuelle und eben dadurch privilegierte Minderheit, die angeblich die wahren Interessen des Volkes besser erkennt als das Volk selbst. So ist es also für die besitzenden und herrschenden Klassen entschieden unmöglich, den Leidenschaften und Bestrebungen des Volkes gerecht zu werden; deshalb bleibt nur ein Mittel – *staatlicher Zwang*, mit einem Wort, der *Staat*, weil Staat gleichbedeutend ist mit *Zwang*, Herrschaft durch Zwang, wenn möglich getarnt, notfalls aber auch ohne Umschweife und offen.«[61]

Es muss in Erinnerung gerufen werden, dass der Anarchist Bakunin seine Invektive gegen den Staat schon mit einem Seitenblick auf Karl Marx formulierte, der nicht von einer sofortigen Abschaffung des Staates, sondern von seiner Aufhebung und seinem Absterben sprach. Vielen gilt, heute mehr denn je, Karl Marx als falscher Prophet. Vergessen wird, dass der umstrittene Theoretiker des Kapitalismus in zwei entscheidenden

Dingen recht behalten hat – wenn auch ein wenig anders, als es einmal gemeint war: Marx hatte in einer Zeit, als die moderne Marktwirtschaft erst wenige westliche Länder erfasst hatte, den weltweiten Siegeszug des Kapitalismus und eine damit verbundene ungeheure Dynamik der technologischen und sozialen Beschleunigung vorausgesagt. Und er hatte, als weitere Folge, das Absterben des Staates prognostiziert. Die erste These erfreut sich unter dem Stichwort »Globalisierung« mittlerweile allgemeiner Beliebtheit. Aber auch der Realitätsgehalt der zweiten These ist unübersehbar geworden, sorgt aber doch auch für einiges Unbehagen. Die Formel vom Absterben des Staates stammt übrigens vom Freund und Mitarbeiter Marxens, Friedrich Engels. Dieser schrieb: »Der erste Akt, worin der Staat wirklich als Repräsentant der ganzen Gesellschaft auftritt – die Besitzergreifung der Produktionsmittel im Namen der Gesellschaft –, ist zugleich sein letzter selbständiger Akt als Staat. Das Eingreifen einer Staatsgewalt in gesellschaftliche Verhältnisse wird auf einem Gebiete nach dem andern überflüssig und schläft dann von selbst ein. An die Stelle der Regierung über Personen tritt die Verwaltung von Sachen und die Leitung von Produktionsprozessen. Der Staat wird nicht ›abgeschafft‹, er stirbt ab.«[62]

Was Engels hier andachte, würde man heute den Rückzug des Staates nennen. In der Realität hat der Kommunismus allerdings nicht zu diesem sukzessiven Rückzug des Staates geführt, sondern zu einem totalitären System und einem Staatsterror ungeheuren Ausmaßes. In der Theorie allerdings erinnert – auch wenn dies auf den ersten Blick paradox erscheint – die marxistische Vorstellung, dass mündige Menschen keinen Staat brauchen, um ihre Angelegenheiten zu regeln, durchaus an die radikal-liberale Konzeption, wie sie, ausgehend von Adam Smith, etwa im Gefolge des österreichischen Ökonomen Ludwig von Mises dessen amerikanischer Schüler Murray N.

Rothbard und aktuell Hans Hermann Hoppe vertreten. Letztlich soll nur ein Ordnungsfaktor zugelassen werden: der Markt beziehungsweise die über diesen Markt verhandelten Eigentumsrechte. Nicht eine bewusste »Verwaltung von Sachen« und »Leitung der Produktionsprozesse«, wie bei Engels, soll die Gesellschaft strukturieren, sondern der Markt soll diese Regelungsaufgaben übernehmen und wie eine »unsichtbare Hand« die Interessen der Menschen hinter ihrem Rücken, aber zu ihrem Besten vermitteln. Da Adam Smiths unsichtbare Hand gerne als Kronzeuge neoliberaler Staatsverschlankung und Marktöffnung zitiert wird, lohnt ein kurzer Blick auf sein epochales Werk *Der Wohlstand der Nationen*, dem diese Konzeption entstammt, auch wenn Smith die Metapher von der unsichtbaren Hand auch an wenigen anderen Stellen, wenn auch sehr sparsam, verwendet.[63] Smith hatte damit nämlich nicht, wie oft irrtümlich angenommen, programmatisch die Funktion des Marktes beschrieben, sondern im Kapitel über die Außenhandelspolitik von Staaten die Anmerkung gemacht, dass, »wenn jeder einzelne soviel wie nur möglich danach trachtet, sein Kapital zur Unterstützung der einheimischen Erwerbstätigkeit einzusetzen und dadurch diese so lenkt, dass ihr Ertrag den höchsten Wertzuwachs erwarten lässt, dann bemüht sich auch jeder einzelne ganz zwangsläufig, dass das Volkseinkommen im Jahr so groß wie möglich werden wird. Tatsächlich fördert er in der Regel nicht bewusst das Allgemeinwohl, noch weiß er, wie hoch der eigene Beitrag ist. Wenn er es vorzieht, die nationale Wirtschaft anstatt die ausländische zu unterstützen, denkt er eigentlich nur an die eigene Sicherheit […] und strebt lediglich nach eigenem Gewinn. Und er wird in diesem wie auch in anderen Fällen von einer unsichtbaren Hand geleitet, um einen Zweck zu fördern, den zu erfüllen er in keiner Weise beabsichtig hat.«[64] Es ist eine besondere Ironie der Weltgeschichte, dass die unsichtbare Hand bei Adam Smith den Unternehmer noch dazu führt, um seiner Sicherheit willen in der Heimat und nicht im Ausland zu investieren und damit das Wohl seiner Nation zu befördern.

Keine Rede davon, dass durch den Markt und die dabei auftretenden Privatinteressen alles ohne Wissen und Zutun der Protagonisten zum Besten geregelt werden kann. Ganz im Gegenteil: Das von den Theoretikern des Neoliberalismus selten gelesene fünfte Buch des *Wohlstands der Nationen* beschäftigt sich explizit mit den Aufgaben des Staates. Gerade die Freiheit des Handels erfordert nach Smith Rahmenbedingungen, die nur durch staatliche Leistungen gesetzt werden können. Er zählt dazu explizit die Landesverteidigung nach innen und außen, das Justizwesen, öffentliche Anlagen und Einrichtungen zur Erleichterung von Handel und Verkehr, Kommunikationsstrukturen, Bildungseinrichtungen für die Jugend und Bildungseinrichtungen für die Menschen jeden Alters und Ausgaben für die Repräsentation des Staatsoberhauptes. Allerdings verwies Smith darauf, dass diejenigen, die aus diesen Einrichtungen den meisten oder unmittelbaren Nutzen beziehen, auch in einem gewissen Maß dafür aufkommen müssen, und dass umgekehrt die aus öffentlichen Mitteln bezahlten Beamten, Richter, Lehrer et cetera einerseits nach ihrer Leistung entlohnt, andererseits aber auch durch finanzielle Anreize zu guter Arbeit motiviert werden sollen, denn, so Smith, gerade ein aktiver Mensch wird sich nur dort betätigen, »wo es für ihn von Nutzen ist, und nicht dort, wo es seine Pflicht wäre, er aber keinerlei Vorteile dabei hat«.[65]

Der mit der Krise der staatlichen Institutionen einsetzende Imageverlust des Staates hat diesen allerdings in einem Augenblick geschwächt, in dem er als Gegengewicht zur Eigendynamik des Neoliberalismus wieder in höchstem Maße gefragt war. Denn die Privatisierungseuphorie und die Vorstellung, dass das, was danach vom Staat übrig bleibt, wie ein Unternehmen effizient gemanagt werden soll, verkennt nicht nur das Wesen des Staates, sondern auch das von Privatisierungsprozessen. Der »schlanke Staat« ist, wie es der Politologe Wolfgang Fach in einem Traktat mit dem schönen Titel *Staatskörperkultur* herausgearbeitet hat, eher eine rhetorisch-ideologische Figur, eine »Grammatik« neuer Begrifflichkeiten, denn tatsächlich ein staatspolitisches Konzept, das geeignet wäre, die zweifellos notwendige Transformation des Staates konzeptuell zu fundieren.[66] Privatisieren bedeutet, die Sache, um die es geht, einem Privatinteresse zu überantworten, das sich mit den Interessen der Öffentlichkeit keinesfalls decken muss. Smiths unsichtbare Hand mag manchmal, wie es bei Bernard Mandeville in seiner berühmten *Bienenfabel* hieß, private Laster in öffentliche Tugenden verwandeln, ein Gesetz ist dies allerdings nicht. Genuin öffentliche Interessen sind schon deshalb nicht privatisierbar, weil sie den Interessenshorizont des Privaten immer schon überschreiten. Die entscheidende Frage ist die nach einer Neudefinition des öffentlichen Interesses. Man könnte als grobe Richtlinie sagen, dass alles, was das Gemeinwesen als solches betrifft, und alles, worauf Menschen kraft ihrer Teilhabe an diesem Gemeinwesen einen Rechtsanspruch haben, nicht zum Gegenstand privater Interessen degradiert werden kann. Wie der Staat dann seinen Aufgaben nachkommt, in welchem Maße er sie delegiert und ihre Wahrnehmung garantiert, ist eine andere Frage.

Voraussetzung wird aber immer sein, dass der Staat imstande ist, gerade in Zeiten der Krise, als starker Staat zu agieren. Das durch eine neoliberale Markteuphorie evozierte Bild des schwachen Staates schadet langfristig auch dem Markt selbst – wenn es keine durchsetzbaren sozialen, juristischen und sicherheitstechnischen Standards mehr gibt, werden viele Marktteilnehmer schneller verschwinden, als es ihnen lieb ist. An dieser Stelle sei noch einmal an Thomas Hobbes, den Theoretiker des starken Staates, erinnert. Im *Leviathan* handelt ein Kapitel von den »öffentlichen Beamten der souveränen Gewalt«, in dem er in einer bis heute diskussionswürdigen Weise die absolut notwendigen Bereiche und Aufgaben der öffentlichen Verwaltung darlegt, die nur durch Beamte, also durch Menschen erledigt werden können, die nicht nur vom Souverän damit betraut, sondern in dieser Tätigkeit auch den Staat selbst vertreten. Dazu gehören nach Hobbes die politische Verwaltung der kleineren Einheiten eines Staates, die Finanzgewalt, die militärische Gewalt, die Rechtsprechung, der Justizvollzug, die diplomatische Vertretung im Ausland und die Bildung – Letztere sollte deshalb durch Beamte vermittelt werden, weil Lehrer im öffentlichen Interesse das Wissen nicht aus eigener Autorität und auf eigenes Risiko vermitteln, sondern vom Staat dazu autorisiert worden sind und dieser letztlich dafür auch die Verantwortung trägt.[67] Denkt man Hobbes mit Adam Smith weiter, ergibt sich übrigens eine interessante Differenzierungsmöglichkeit zwischen öffentlichen Aufgaben – wie etwa die Bereitstellung einer Verkehrsinfrastruktur –, die der Staat garantieren und zum Teil zumindest aus den Steuereinnahmen finanzieren muss, aber deren Realisierung er natürlich an Unternehmen delegieren kann, und jenen Bereichen, in denen der Staat als Staat, das heißt als Repräsentant der Allgemeinheit auftreten und deshalb mit höchster Autorität agieren muss. Mitunter scheint bei den gegenwärtigen Privatisierungs- und Auslagerungsdebatten für diese Differenzierung kein Bewusstsein mehr vorhanden zu sein. Vielleicht sollte man einmal unter dieser Perspektive diskutieren, was die völlige oder partielle Privatisierung von Energie, Wasser, Verkehr, Gesundheit, Bildung, Kommunikation und Sicherheit nicht nur für die Versorgung der Bürger mit bestimmten Leistungen bedeutet, sondern auch für das Selbstverständnis des Staates selbst, der sich damit nicht nur in seinen Kontroll- und Garantiemöglichkeiten beschneidet, sondern auch seine Möglichkeiten reduziert, in Bereichen, die aus guten Gründen als öffentliche Interessen artikuliert werden können, gestaltend einzugreifen. Wer aber nicht mehr gestalten kann, ist als politisches Subjekt unglaubwürdig geworden.

Damit allerdings wäre die moderne Staatsidee, die seit Thomas Hobbes den Staat immer auch als legitimiertes und kontrolliertes Machtmonopol verstanden haben wollte, das die Voraussetzung für jenes Minimum an sozialer Gerechtigkeit darstellt, ohne das ein halbwegs zivilisiertes Zusammenleben der Menschen unmöglich scheint, endgültig konterkariert. Es gehört zu den Paradoxien unseres Zeitalters, dass vermeintliche Modernisierungsschübe durchaus anti- und vormoderne Effekte haben können. Daran sollte denken, wer, vielleicht etwas vorschnell, das Ende des Staates fordern oder gar schon feiern möchte. In vielen Bereichen ist der Rückzug des Staates begrüßenswert, sind Auslagerungen und Privatisierungen sinnvoll, vor allem dort, wo der Staat glaubte, tatsächlich als Unternehmer in Bereichen auftreten zu müssen, deren öffentliches Interesse höchst begrenzt ist. Ob der Staat aber immer auch ein schlechterer Eigentümer als ein bunt zusammengewürfeltes Aktionärskonsortium sein muss, bleibe einmal dahingestellt. Und als universelles Konzept taugt »weniger Staat, mehr privat« ohnehin nicht, dieser Slogan dokumentiert eher, dass das Bewusstsein von Wesen, Aufgabe und Funktion des modernen Staates gerade auch bei seinen Akteuren allmählich schwindet. Gerade wer möchte, dass mündige Menschen in Frieden ihren hoffentlich profitablen Geschäften nachgehen können, muss nicht nur für die entsprechenden Rahmenbedingungen sorgen, sondern auch in einer Weise agieren, dass die Menschen diesen Rahmenbedingungen auch vertrauen können. Eine Atmosphäre, in der der Staat sich pausenlos als schwach, einsparbar oder tendenziell überflüssig präsentiert, in der, wie

Wolfgang Fach schreibt, ein »Hauch von Anämie«[68] liegt, mag einigen durchaus nützen; das Allgemeinwohl aber, die öffentliche Sache, die *res publica*, wird darunter leiden.

Aber auch auf einer anderen Ebene erfordert die Dynamik liberalisierter Märkte einen funktionierenden Staat. Denn auch für kritische Beobachter des Zeitgeschehens wie etwa den bedeutenden Historiker Eric Hobsbawm scheint klar zu sein, dass die Verluste und Folgekosten der Liberalisierung von niemandem anderen aufgefangen werden können als vom sozial orientierten Territorialstaat. Letztlich tragen auch alle Überlegungen in der EU, die auf einen europäischen Bundesstaat mit einheitlicher Steuer- und Sozialgesetzgebung hinauslaufen, dieser Entwicklung Rechnung. Gefährlich scheint es aber zu sein, den Staat radikal auf diese nichtprofitablen Funktionen zu beschränken, die für private Investoren ohne Interesse sind. Man muss sich darüber klar werden, was diese Form der Legitimation des Staates für diesen bedeutet könnte: Es könnte ein Staat in seiner Schwundstufe sein, ein Staat der Armen, ein Staat, der nicht mehr als politisches Subjekt, sondern nur noch als Hort und Zuflucht der Ausgeschiedenen und Erfolglosen fungieren wird. Gerade weil der Sozialstaat als gesellschaftliche Utopie gescheitert ist, könnte in der Realität dann nichts anderes übrig bleiben als ein »Sozialstaat«. Der Staat wird diejenige Institution sein, die, während die großen Kapitalien steuerschonend um den Erdball wandern, von den nicht sonderlich begüterten Unselbständigen und Immobilen jene Steuern erpresst, die notwendig sind, um die Armen und Arbeitslosen zu unterstützen und eine gerade noch ausreichende Infrastruktur für jene zu errichten, die sich die Qualitäten privater Institutionen nicht leisten können. Dies zumindest könnte das drohende Schicksal des öffentlichen Bildungswesens, des kommunalen Wohnbaus, des öffentlichen Verkehrswesens und der öffentlichen Sicherheit sein. Reichtum, Macht, Erfolg, Kom-

petenz und Wissen, zunehmend auch das Recht der Gewalt-
ausübung sind im Begriffe, sich zu entstaatlichen. Die aus Län-
dern der Dritten Welt bekannten abgezirkelten Wohn- und
Arbeitsbezirke der Wohlhabenden, mit eigener Infrastruktur
und eigenem Wachpersonal, könnten als Resultat des rasanten
Aufgehens der Einkommensschere nicht Auswuchs, sondern
allgemeiner Trend sein. Spiegelverkehrt entspräche diesem
Trend übrigens, dass sich die untersten und ärmsten Schichten
in den Vorstädten und Slums der Metropolen ebenfalls jenseits
der Legalität organisieren und so auch aus dem Einfluss- und
Machtbereich des Staates fallen. Und nicht zuletzt könnten
unter dieser Perspektive bestimmte Formen der organisierten
Kriminalität als partielle Privatisierung des staatlichen Gewaltmonopols und der Steuerhoheit interpretiert werden.

Zu viel oder zu wenig Staat? Es gehört zu den paradoxen
Erfahrungen unserer Zeit, dass der in einem macht- und ord-
nungspolitischen Sinne vielleicht schwach gewordene Staat
dem Bürger als starker, penetrant in Freiheitsrechte eingrei-
fender Staat gegenübertreten kann. »Der Staat«, schrieb Hegel,
»ist die Wirklichkeit der sittlichen Idee«, und er ist dies, weil
nur er imstande ist, die divergenten Interessen der Individuen
zu einer Allgemeinheit zu bündeln.[69] Dieser Staat vermittelt
nicht nur die partikularen Interessen seiner Bürger, er ist nicht
nur eine Art Schiedsgericht und Wettbewerbsaufsichtsbehör-
de, sondern er ist der wirkliche Ausdruck des Allgemeinen
und der öffentlichen Angelegenheiten. An der Verfasstheit eines Staatswesens lässt sich ablesen, wie es um diese öffentlichen
Angelegenheiten bestellt ist. Hegels Einsicht könnte man aber
auch so lesen, dass der moderne Staat dazu tendiert, selbst zu
einer moralischen Instanz zu werden, der seine Aufgabe darin
sieht, dem Bürger die Last individueller Freiheitsentschei-
dungen abzunehmen und ihm die Grundregeln eines gesun-
den, politisch und sexuell korrekten, ökologisch verträglichen

Lebens zu diktieren und deren Einhaltung zu kontrollieren. Aber auch dies ist eine Form der Herrschaft, und es stellt sich auch hier die Frage, wie viel Herrschaft der Mensch tatsächlich braucht. Am Staat, seinen Intentionen, seinen Tendenzen und seinem Personal kann man deshalb, getreu dem oben zitierten Hegel'schen Diktum, tatsächlich beobachten, in welchem Zustand die Sittlichkeit sich in der Wirklichkeit gerade befindet. Es wäre wohl übertrieben, diesen Zustand beruhigend zu nennen. Der Staat, so scheint es, ist die Gefahr – aber, und dies macht die Sache so vertrackt, mitunter das Rettende auch. Doch die Grenze zwischen Rettung und Gefahr ist fließend.

Der offene Kontinent

An den Grenzen Europas

Eine fließende Grenze zwischen Rettung und Gefahr: Ließe sich das europäische Projekt nicht trefflich durch diese Formulierung beschreiben? Nirgendwo lässt sich zurzeit das Wechselspiel von Grenzaufhebung, Grenzüberschreitung und Grenzziehung so gut studieren wie an Europa. Das Projekt der EU lebt in hohem Maße vom Pathos der fallenden Grenzen, andererseits wird allmählich deutlich, dass dieses Projekt nur eine politische Zukunft hat, wenn Grenzen gezogen werden. Die Bedeutungslosigkeit alter europäischer Binnengrenzen korrespondiert so nachdrücklich mit der für viele unüberwindlichen Schranke, die durch die Schengen-Grenze aufgerichtet ist. Der Zusammenhang zwischen einer Begriffsbestimmung im spinozistischen Sinne und den politischen Perspektiven zeigt sich dabei ganz deutlich. Wer immer eine Antwort auf die Frage nach der Identität Europas geben will, kommt nicht umhin, anzugeben, was Europa nicht ist. Auch wenn es nicht nur um die Grenzen eines Territoriums geht, sondern eben auch um die Grenzen eines Selbstverständnisses, wird von einer europäischen Identität nicht gesprochen werden können, solange nicht klar ist, warum und in welcher Weise das Europäische im Osten des Kontinents, im Vorderen Orient, im Mittelmeer und am Atlantik seine Grenze findet und finden muss. Da es keine geografischen, kulturellen oder ethnischen Grenzen Europas gibt, die von vornherein feststünden, und da das, was gerne als Wurzel und Ausdruck der Eigenart Europas gesehen wird – die griechisch-römische Antike, das Christentum und die Aufklärung beziehungsweise das davon abgeleitete Insistieren auf Freiheit, Menschenwürde und Menschenrechte –, entweder obsolet erscheint oder selbst universalisiert worden ist, ist die Frage nach den Grenzen und damit nach der Identität Europas selbst nur über eine politische Willensbildung zu erreichen. Genau weil Grenzüberschreitungen und Universalisierungsprojekte das moderne Europa im positiven und im negativen Sinn immer auszeichneten, ist die Frage nach den Grenzen Europas immer schon verbunden mit den Perspektiven, diese Grenzen auszuweiten oder hinter sich zu lassen. Europa lässt sich deshalb nur voluntaristisch bestimmen. Europa wird das sein, was es unter gegebenen Umständen sein will. Der deutsche Politologe Thomas Meyer hat vorgeschlagen, zwei Arten von europäischen Grenzlinien zu unterscheiden: harte Grenzen, die, soweit es gegenwärtig politisch vertretbar ist, nicht transzendiert werden können: »Russland und Afrika liegen jenseits dieser harten Grenzen.« Und eine weiche Grenze, die im Osten und Südosten Europas verläuft, und die nicht »durch das Graben in der Geschichte und auch nicht durch den Status quo politischer Herrschaft nur zu entdecken, sondern durch die Abwägung [pragmatischer] Gründe zu erfinden [ist]«.[70] Die Erfindung dieser Grenze betrifft natürlich Länder wie die Ukraine oder Weißrussland, die Türkei oder auch Israel. Und dass der Atlantik eine Grenze bildet, muss überhaupt erst wieder ins europäische Bewusstsein gelangen.

Der Frage nach den politischen Grenzen Europas entzieht man sich in der Regel durch den Verweis auf die Idee einer europäischen Gemeinschaft, die, wenn überhaupt, nur unscharfe, flexible und ausgeblendete Grenzen kennt und sich lieber über gemeinsame Werte denn über gemeinsame Grenzen definiert. Wenn in Reden über Europa die Idee der Gemeinschaft beschworen wird, dann geht es allerdings auch um das bekannte Problem, dass Europa in Gestalt der Europäischen Union vielen Bürgern dieses Staatenverbandes als bürokratische, kalte politische Herrschafts- und Organisationsform entgegentritt, die vor allem an den Freiheiten des Binnenmarktes orientiert ist und deshalb die Ökonomie privilegiert. Die emotionalen Bindungskräfte seien, so sagt man, demgegenüber nur schwach entwickelt, das soziale, das kulturelle, das menschliche Europa, das Europa der Bürger, scheint noch auszustehen. Europa benötige neben der Zentralbank auch eine Seele, die Europäer sollen sich als Angehörige einer größeren Gemeinschaft fühlen. Und nicht selten wird in diesem Zusammenhang der Satz von Jean Monnet zitiert, dass er, könnte er Europa noch einmal bauen, nicht mit der Ökonomie, sondern mit der Kultur begänne. Abgesehen davon, dass es bei dieser Herangehensweise wahrscheinlich keine EU gegeben hätte, sollte man überhaupt die auf Emotion, Identität und Identifikation, letztlich auf die Idee der Gemeinschaft der Europäer setzende Rhetorik mit einer gewissen Vorsicht betrachten.

Zumindest im deutschen Sprachgebrauch weist der Begriff der Gemeinschaft durchaus ambivalente Konnotationen auf. Wir kennen die Dorfgemeinschaft und die Schicksalsgemeinschaft, die Religionsgemeinschaft und die Gemeinschaft der Heiligen, die Volksgemeinschaft und die Solidargemeinschaft, aber keine dieser Gemeinschaften dürfte ein tragfähiges Modell für Europa abgeben: auch nicht die Wertegemeinschaft. Was aber ist überhaupt eine Gemeinschaft?

In seiner begriffsbildenden Schrift *Gemeinschaft und Gesellschaft* aus dem Jahre 1887 hat einer der Väter der modernen Soziologie, Ferdinand Tönnies, versucht, in der Gemeinschaft eine Form des Zusammenlebens zu beschreiben, die sich deutlich von dem abhebt, was er die »Gesellschaft« nannte. Unter »Gemeinschaft« verstand Tönnies eine Form des Miteinander von Menschen, die sich gleichsam organisch aus der Grundtatsache des Lebens selbst entwickelt: aus der unhintergehbaren Voraussetzung, dass wir alle – bisher zumindest – geboren worden sind. Geburt und die damit zusammenhängenden Kategorien Abstammung, Geschlecht und Familie bilden die materielle Basis für Tönnies' Konzept der Gemeinschaft, die er noch ohne Scheu eine »Gemeinschaft des Blutes« nennen konnte.[71] Daneben lässt Tönnies nur noch die Gemeinschaft des Ortes gelten, das Leben und Zusammenleben in einem Dorf oder auch in einer Stadt, allerdings nur insofern diese als großes Dorf beziehungsweise als eine Agglomeration von Dörfern verstanden wird. Und dann kennt Tönnies noch die Gemeinschaft des Geistes, also einen Verbund von Menschen, die eine Idee, eine Vorstellung, eine Mission teilen.

All diesen Erscheinungsformen von Gemeinschaft ist eines gemeinsam: Die Kommunikation ihrer Mitglieder erfolgt nicht über Vereinbarungen, Tauschakte oder Verträge, sondern durch ein – im Idealfall – stillschweigendes Verständnis: »Verständnis ist demnach der einfachste Ausdruck für das innere Wesen und die Wahrheit allen echten Zusammenlebens, Zusammenwohnens und -wirkens. […] Aber Verständnis ist ihrem (sic!) Wesen nach schweigend, weil ihr Inhalt unaussprechlich, unendlich, unbegreiflich ist.«[72] Wer in einer Gemeinschaft lebt, weiß immer schon, worum es geht. Gemeinschaften müssen sich ihren Mitgliedern nicht ständig erklären, funktionierende Gemeinschaften müssen auch nicht ständig beschworen werden. In Gemeinschaften bilden das Gefühl der Zugehörigkeit und das Wissen, worum es der Gemeinschaft geht, eine Einheit. Das gilt für Familien und Clans genauso wie für Religionsgemeinschaften.

Voraussetzung dieser Gemeinschaft des Verstehens ist die gemeinsame Sprache, die das schweigende Einverständnis überhaupt erst ermöglicht. Nur dort, wo keine Übersetzungsleistungen vonnöten sind, kann auch geschwiegen werden. Das nonverbale Element der Kommunikation in der Gemeinschaft kann auch deshalb solch eine große Bedeutung erlangen, weil Zeichen und Gesten in eindeutiger Weise im Kontext einer

Sprach- und Verstehensgemeinschaft gedeutet werden können. Der gemeinsame Sinn, Brauch und Glaube, Rituale und Feste realisieren diesen Prozess.

In größeren Organisationsformen des Zusammenlebens – wie in der Stadt – konnte Tönnies dann in der Religion, vor allem aber in der Kunst die ausdifferenzierten und urbanen Formen solch eines gemeinschaftlichen Miteinander erkennen. Kunst vor allem deshalb, weil sich im urbanen Raum diese in erster Linie als die Art und Weise etabliert, wie der öffentliche, also gemeinschaftlich genutzte Raum gestaltet und sinnfällig präsentiert wird. Architektur, Fassaden, Denkmäler, Plätze bestimmen bis heute das Lebensgefühl von Menschen, die trotz unterschiedlichster Herkunft und sozialer Lage das Gefühl teilen können, an einem gemeinsamen Ort zu leben. Dieses, in Großstädten und Metropolen wohl nur mehr sehr schwach ausgeprägte Gefühl ist allerdings an die unmittelbare sinnliche Präsenz und ihre Erfahrungsmöglichkeiten gebunden und kann deshalb nicht endlos ausgedehnt oder transferiert werden. In einer Stadt, in der man nicht lebt, sondern nur für kurze Zeit seinen Geschäften nachgeht, ist man, den Versicherungen der modernen Nomaden zum Trotz, immer nur Tourist oder Besucher.

Dem organischen Gebilde der Gemeinschaft stellt Tönnies nun das künstliche Gebilde der Gesellschaft gegenüber. Während Gemeinschaft der Ort der Ver- und Gebundenheit ist, ist Gesellschaft der Ort der Freiheit. Subjekt der Freiheit ist das aus allen Bindungen entlassene Individuum, Urbild dieser Freiheit ist der Handel, ihre erste paradigmatische Erscheinungsform ist der Händler: »Der Kaufmann [...] ist der erste denkende und *freie* Mensch, welcher in der normalen Entwicklung eines sozialen Lebens erscheint.«[73] Während die Gemeinschaft bindet, setzt die Gesellschaft die Menschen frei. Diese stehen einander natürlich nun nicht fremd und abweisend gegenüber, denn auch die Gesellschaft ist eine Form des Zusammenlebens. Aber die Individuen einer Gesellschaft bilden keine durch welche Kriterien auch immer festgelegte Gemeinschaft, sondern sie interagieren über einen Markt, im unmittelbaren und auch im übertragbaren Sinn.

Die Mitglieder einer Gesellschaft haben Interessen, die sie verfolgen, und sie sehen den anderen entweder als Bedingung für die Befriedigung dieser Interessen oder als Konkurrenten. Dementsprechend schließen sie nur strategische, zeitlich begrenzte Bündnisse, die formale Form ihrer Beziehung untereinander ist der Vertrag, die entscheidende Gestalt ihrer Kommunikation ist der Tausch, das Medium desselben das Geld. Die Maxime ihres Handelns ist das Nutzenkalkül, und aus der Abwägung ihrer Interessen und Bedürfnisse ergeben sich ihre Werte: »Damit eine Sache überhaupt als *gesellschaftlicher* Wert gelte, dazu ist nur erforderlich, dass sie auf der einen Seite im Ausschluss gegen andere gehabt, auf der anderen von irgendeinem Exemplar der menschlichen Gattung begehrt werde; alle ihre übrige Beschaffenheit ist schlechthin gleichgültig.«[74] Werte drücken also Präferenzen und Begehrlichkeiten aus und können sich in dem Maße so rasch ändern wie diese. Gemeinschaften beruhen im Gegensatz zu Gesellschaften eben nicht auf Werten, sondern auf allen individuellen Präferenzen vorgeordneten »Stiftungen«: eine gemeinsame Abstammung, ein Bund, ein Schicksal, eine Geschichte, ein Mythos. Die vielbeschworene Wertegemeinschaft erweist sich unter dieser Perspektive als ein Widerspruch in sich. Gerade weil Werte je nach geänderter Interessenlage jederzeit »umgewertet« werden können, stellen sie keine verlässliche Basis für eine Gemeinschaft dar.

Auch wenn in der Terminologie an manchen Stellen vielleicht veraltet, sind Tönnies' Grundkategorien seiner »reinen Soziologie« nach wie vor bedenkenswert. Sie haben den Vorteil einer klaren begrifflichen Schärfung. Was bedeutet das für unsere Frage? Pointiert könnte man sagen: Alles, was Tönnies über die Gesellschaft sagt, trifft auf die EU zu, nichts von dem, was er für eine Gemeinschaft behauptet, finden wir in dieser. Die vier Freiheiten der EU (Personen, Güter, Dienstleistungen und Kapital) gehören fast zur Gänze zu den Bedingungen der Gesellschaft, Zyniker könnten sogar behaupten, dass sich dahinter ohnehin nur die von Marx so genannte »gewissenlose Handelsfreiheit« verbirgt, die alle anderen Formen der Freiheit in sich aufgesogen und aufgehoben hat. Alles aber, was tatsächlich gemeinschaftsbildend wirken könnte, ist in der EU entweder ein Ding der Unmöglichkeit oder tabuisiert.

Das beginnt mit der »Gemeinschaft des Blutes«, unter der man weniger pathetisch die ethnischen und familiären Gemeinschaftsstrukturen verstehen kann. Jeder weiß, welche Kraft noch immer von diesen Bindungen ausgeht – von tradierten und neuen Formen der Familie über Migrationskulturen bis zu mafiosen Organisationsformen –, und gleichzeitig ist klar, dass ein europäisches Gemeinschaftsgefühl nicht das Gefühl einer Familie, eines Clans, einer Sippe sein kann. Eher wird man zu der Auffassung gelangen, dass eine zu starke Betonung dieser Form von Gemeinschaft zu jenen Parallelwelten führt, in denen man nicht nur eine Bereicherung, sondern auch eine Gefahr für das soziale Gefüge einer modernen Gesellschaft sehen kann. Wenn die Differenzierung von Tönnies nach wie vor triftig sein sollte, dann würde dies auch bedeuten, dass Mitglieder einer wirklich bindenden Gemeinschaft im Ernstfall dieser den Vorzug gegenüber anderen gesellschaftlichen Normen und Kommunikationsformen geben würden, nicht zuletzt im Hinblick auf die Freiheit ihrer Mitglieder, die in einer Gemeinschaft immer mehr oder weniger restringiert sein wird. Wenn es stimmt, dass die Freiheit eine Dimension der Gesellschaft, nicht der Gemeinschaft darstellt, dann bedeutet das auch, dass Gemeinschaften tendenziell die Freiheitspotenziale einer Gesellschaft unterminieren können.

Ähnlich verhält es sich mit der Religion. Deren bindende Kraft wird uns alltäglich vor Augen geführt, aber Europa kann sich schon lange nicht mehr religiös definieren; jedoch wird die Frage, wie sich religiöse Gemeinschaften in das gesellschaftliche Gefüge Europas einordnen, für die europäische Zukunft von entscheidender Bedeutung sein. Natürlich muss der säkulare Staat auch für die Europäische Union in dieser Hinsicht das Modell bleiben, aber erste Versuche, religiösen Gemeinschaften mehr Rechte zuzugestehen, als ihnen nach diesem Modell zustünden, zeigen, wie schwierig hier die Balance zwischen Gemeinschaft und Gesellschaft noch immer ist. Gerade weil die Bindungskräfte der verschiedenen Religionen an Kraft eher zunehmen, stehen säkulare Staaten vor dem Problem, diese Kräfte untereinander und dem Staat selbst gegenüber zu neutralisieren, ohne die objektiven, sozialen und kulturellen Funktionen zu übersehen, die religiöse Gemeinschaften haben. Mit Propagandafeldzügen für einen neuen Atheismus wird da wenig getan sein.

Man sollte aber auch nicht der Illusion verfallen, aus der Idee der Toleranz selbst ließe sich der Kitt für eine neue Gemeinschaft formen. Toleranz ist nämlich kein Glaube der Ungläubigen, der so etwas wie ein Gemeinschaftsgefühl säkularisierter Zeitgenossen erlaubte. Alle Versuche, über Konstrukte wie den Verfassungspatriotismus, das Bekenntnis zu den Menschenrechten oder eine von Intellektuellen konstruierte Zivilreligion solch ein Gemeinschaftsgefühl zu erzeugen, müssen dann auch scheitern. Und der Weg, den man in Deutschland manchmal vorschlägt, nämlich durch die negative historische Erfahrung der Vernichtung des europäischen Judentums durch die Nationalsozialisten eine quasireligiöse Form gemeinschaftlicher Verbundenheit über das Instrument einer stark ritualisierten Erinnerungskultur zu stiften, kann kein Modell für ein europäisches Gemeinschaftsgefühl sein, bei aller Bedeutung, die dem Zweiten Weltkrieg, seinen Ursachen und seinen Folgen für die Herausbildung der Einsicht in die Notwendigkeit eines geeinten Europa zugeschrieben werden können.

Ähnlich prekär verhält es sich mit dem Ort, der Stadt, der Nachbarschaft als Basis gemeinschaftlichen Lebens. Abgesehen davon, dass die modernen Verkehrs- und Mobilitätsformen tendenziell auch noch die Reste solcher gelebten Gemeinschaften zerstören, ist aus diesen aufgrund ihrer Gebundenheit an lokale Gegebenheiten keine Kraft für ein Zusammenleben in Europa zu gewinnen. Eher ist hier die Tendenz zu beobachten, dass durch eine globalisierte Architektur und die Dominanz internationaler Marken und Kaufhausketten im öffentlichen Bereich die Stadtzentren einander immer ähnlicher werden, ihr unverwechselbares, gemeinschaftsbildendes Ambiente auch in einem lokalen Rahmen verlieren, ohne dass dadurch für einen größeren Kontext etwas gewonnen wäre. Nur weil alle Fußgängerzonen gleich aussehen und man überall auf dieselben Geschäfte trifft, fühlt man sich noch lange nicht in allen Städten gleichermaßen zu Hause, auch wenn das praktische Leben durch diese Wiedererkennungseffekte um einiges einfacher wird.

Dies gilt auch für die Kunst, die nach Tönnies ihre gemeinschaftsbildende Potenz nur im Kontext gelebter Urbanität entfalten kann. Das ästhetisch unterscheidbare und deshalb identitätsstiftende Ensemble aus Kirche, Rathaus, Museum und Stadtplatz gibt aber weder ein Modell für eine moderne Urbanität und schon gar nicht für die Entwicklung der Künste ab, die zwar mit einer Epoche der neuen Funktionalität kokettieren, diese aber eher in globalen Märkten denn in lokalen Gemeinschaften verankert wissen möchten. Wohl können angesichts umstrittener Architekturen oder kontrovers beurteilter

Kunst im öffentlichen Raum auf lokalen Ebenen die Stadtgemeinschaften noch hin und wieder mobilisiert werden, ähnlich wie bei religiösen Bauten wie zum Beispiel Moscheen, die mit dem historisch gewachsenen Ensemble und der dadurch konstituierten Gemeinschaft zu kollidieren scheinen, aber eine europäische Perspektive lässt sich weder aus diesen Konflikten noch aus ihren von Ort zu Ort dann doch ziemlich differenten Lösungen ableiten.

Bleibt die Mission als einzige Kraft, die ein europäisches Gemeinschaftsgefühl bilden helfen könnte. Für welche Idee Europa allerdings so einstehen sollte, dass sich die in Europa lebenden Menschen über diese Idee als Gemeinschaft nicht nur theoretisch, sondern vor allem praktisch fühlen könnten, bleibt wohl ziemlich schleierhaft. Einen zivilisatorischen Auftrag – wie im 18. und 19. Jahrhundert – kann und darf Europa nicht mehr beanspruchen, da dies mit einem Überlegenheitsgefühl verbunden wäre, zu dem Europa keinerlei Recht und Berechtigung mehr hat. Vor allem aber ist vieles von dem, was die besseren Seiten des europäischen Zivilisationskonzeptes ausmachte – Aufklärung, Wissenschaft, Technik, Rechtsstaatlichkeit, Bürger- und Menschenrechte –, mittlerweile selbst zu einem globalen Phänomen geworden, das bei aller Ambivalenz nicht mehr in erster Linie mit Europa assoziiert werden kann.

Ähnliches gilt für das vielbeschworene Friedensprojekt. Dieses steht zwar am Anfang der europäischen Einigungsidee, und zwar in einer historischen Tiefe, die manchmal vergessen wird. Die ersten Konzepte eines politisch geeinten Europa wurden nach dem verheerenden Dreißigjährigen Krieg in der zweiten Hälfte des 17. Jahrhunderts entwickelt. Das moderne Europa verdankt sich zweifellos in hohem Maße der Sehnsucht nach Frieden als Folge des Zweiten Weltkriegs, auch wenn dies historisch nicht ganz korrekt ist, da die auch militärisch definierte Abgrenzung gegenüber dem sogenannten Ostblock strategisch eine ziemlich große Rolle spielte. In der Gegenwart und nach der Osterweiterung der EU ist dieses Friedensprojekt in der Tat realisiert und schon aus demografischen Gegebenheiten zu einer Selbstverständlichkeit geworden, dem keine wirklich gestaltende Kraft mehr entspringt.

Die Idee der Nation wiederum, die seit dem 19. Jahrhundert bei der Bildung politischer Großgemeinschaften den Ton angab, ist ein Konzept, das durch Europa ja gerade überwunden werden sollte. Alle Versuche, Europa als eine Hyper- oder Supernation zu konzipieren, müssen sich die Frage gefallen lassen, warum der verpönte Nationalismus nur dann schlecht sein soll, wenn er kleine oder kleinere politische Gemeinschaften kennzeichnet, aber willkommen und gut wird, wenn es um eine überdimensionierte Größenordnung geht. Auch wenn diese Großnation die Konflikte der in ihr integrierten ehemaligen kleinen Nationen hinfällig werden lässt, ändert dies nichts daran, dass jeder überzogene Nationalismus ein Risiko darstellen wird. Warum es aus mittlerweile einsehbaren Gründen lächerlich ist, sich als glühenden Deutschen oder glühenden Österreicher zu bezeichnen, der glühende Europäer sich aber des Beifalls sicher sein kann, bleibt schleierhaft. Wer in der Politik »glüht«, sollte immer mit größter Skepsis beurteilt werden. Es ist dann auch nicht einzusehen, inwiefern das Konzept einer europäischen Nation, sofern es denn überhaupt eine realpolitische Chance hätte, das Verhängnis, das in der Idee der Nation schlechthin angelegt sein mag, neutralisieren könnte. Zu alledem kommt, dass, wenn schon, dann die Forcierung einer Gesellschaft als die gemeinsame Lebensform von Individuen gegenüber allen Zumutungen von Gemeinschaften als eine originär europäische Idee aufgefasst werden könnte.

Vielleicht verhält es sich mit Europa als einer potenziellen Gemeinschaft ähnlich wie mit Europa als einem potenziellen Bundesstaat: Es ist noch nicht so weit, und es ist vielleicht auch gar nicht erstrebenswert. Das staatsrechtliche Neuland, das die EU mit ihrer politischen Organisationsform betrat, hat vielleicht seine Entsprechung auf der Ebene der sozialen und emotionalen Verfasstheit dieses Gebildes. Von Europa als von einem Staatenverbund zu sprechen, um zu signalisieren, dass es sich weder um einen Staatenbund noch um einen Bundesstaat handelt, ist mittlerweile üblich geworden. Vielleicht sollte man auch aufhören, Europa unbedingt als eine Gemeinschaft in einem klassischen Sinn, das heißt in einem Singular zu denken. Vielleicht wäre eine mögliche Formel für Europa: so viel Gesellschaft wie möglich, so viele Gemeinschaften wie notwendig.

Ob und mit welcher Insistenz sich Europa als politisches Subjekt letztlich doch über seine Grenzen definieren wird – dieser Willensakt wird einerseits über Europas Lage auf der Weltbühne entscheiden, und er wird andererseits immer von einer doppelten Ambivalenz gekennzeichnet bleiben: Einmal wird jede Grenze nur eine vorläufige sein, jede europäische Außengrenze wird wieder in Frage gestellt werden können. Und zum anderen wird das Projekt der europäischen Einigung immer als Fortschrittsprojekt deklariert werden und, gemessen an den Einigungsutopien, die seit dem 17. Jahrhundert in Europa diskutiert werden, als gelungene oder eben misslungene Einlösung eines europäischen Versprechens gelten. Diese Einigung wird angesichts der prinzipiellen Erosion politischer Grenzen aber zunehmend mit dem Makel eines antiquierten Politikverständnisses behaftet sein. Ein entfesselter Weltmarkt, auf dem global agierende Konzerne eine Epoche der Refeudalisierung und damit der staatlichen Entgrenzung im Weltmaßstab einleiten, könnte im Grunde auch auf das europäische Projekt verzichten. Gerade angesichts der vielbeschworenen Globalisierung ist das Konzept eines Binnenmarktes eigentlich unzeitgemäß. Möglich, dass Europa sich zu bestimmten Formen des Unzeitgemäßen offensiv bekennen müsste, wollte es seine Chancen waren. Realistisch muss man aber davon ausgehen, dass auch der weltweite Kapitalismus – nicht zuletzt, weil die Konzerne als die neuen Herren noch nicht begriffen haben, welche Sicherheits- und Ordnungsfunktionen ihnen aus der übergroßen ökonomischen Macht erwachsen – mit konventionellen Territorialstaaten, die diese Funktionen noch erfüllen, kooperieren wird, und dies vor allem dort, wo Unternehmensinteressen und nationale Interessen sich zumindest fallweise noch berühren. Wie der Stand der Dinge ist, werden nur selbstbewusste Staaten oder Staatenverbände diese Kooperationen eingehen und damit als politische Räume überleben können – die USA, Russland, China, Indien, vielleicht Japan und Brasilien und, wenn es denn gewollt wird, die EU. Der arabisch-islamische Raum steht nach den Revolten in Ägypten, Libyen und Syrien demgegenüber in einer noch nicht definierten Wartehaltung, das südliche Afrika bleibt weiter nur Objekt, nicht Subjekt der Weltökonomie. Zahlreiche Regionen dieser Erde werden so letztlich entstaatlicht, und damit in einer Weise grenzenlos werden, die vor allem den Armen und Ärmsten demonstrieren wird, dass Grenzen nicht nur die Funktion der Abschottung, sondern immer auch die des Schutzes gehabt hatten. Ob sich die drei oder vier Milliarden Menschen, die eher zu den Opfern dieser Entgrenzung gehören werden, damit auch demütig abfinden werden, ist allerdings eine andere Frage, eine, auf die sich eine wirklich globale Politik beizeiten einstellen sollte. Für Europa allerdings könnte die Frage, wie es nicht nur politisch-militärisch, sondern vor allem geistig seine Grenze bestimmt, zur Überlebensfrage werden.

Mit Unsicherheiten leben

An den Grenzen des Risikos

Überlebensfragen: Anders als in traditionalen Gesellschaften markiert dieser Begriff in der Moderne nicht nur den Kampf gegen alltägliche Not und schmerzenden Mangel, sondern auch die Lust daran, das Leben gerade unter optimierten Bedingungen zu einer Überlebensfrage zu machen – manchmal in einem metaphorischen, manchmal in einem faktischen Sinn. Der Euro: eine Überlebensfrage! Die Europäische Union: eine Überlebensfrage! Die gerade regierende Koalition: eine Überlebensfrage! Der Skiurlaub: eine Überlebensfrage! Der moderne Mensch sucht das Risiko. Er geht gerne an seine Grenzen. Ob im Extremsport, bei Drogenexperimenten, im Geschäftsleben, der Politik oder an der Börse: Seine Grenzen auszuloten, gilt nicht nur als heroisch, sondern erscheint als Vorbedingung für den Erfolg in der Wettbewerbsgesellschaft. Dies gilt nicht nur für Individuen und ihre riskanten Handlungen, sondern auch für die Gesellschaft insgesamt. Galt Stabilität in einem ökonomischen, sozialen und kulturellen Sinn lange als erstrebenswerter Zustand, so wird diese nun durch einen allzeitigen Risikobereitschaftsdienst überholt. Die Dynamik der modernen Welt verträgt weder traditionsreiche Institutionen noch langfristige Perspektiven. Man muss jederzeit mit allem rechnen, zu allem bereit sein, auf alles reagieren können. Ansonsten droht Stillstand, Verkrustung und Versteinerung.

Doch so einfach ist es nicht. Zweifelsfrei gehörte Sicherheit zu den wesentlichen Ingredienzien der utopischen Entwürfe vergangener Jahrhunderte. Seit Platons *Politeia* zählte die Aufrechterhaltung der inneren und äußeren Sicherheit zu den wichtigsten Funktionen, die ein geordnetes Staatswesen zu bieten hatte. Die eigene Bevölkerung vor feindlichen Menschen – Räubern, Dieben, Vergewaltigern, Mördern und vor allem vor den Nachbarn – zu schützen, galt und gilt als eines der wesentlichen Motive für Gemeinschafts- und Staatsbildungen, und vielen ursprünglichen Herrschaftsformen ist solch eine Schutzstruktur inhärent – wenn auch oft nur auf der ideologischen Rechtfertigungsebene. Noch der mittelalterliche Lehensherr hatte die Pflicht, seine Vasallen zu schützen, ihnen Sicherheit zu gewähren und zu garantieren. Der Preis für diese Sicherheit ist aber nicht an der Realität von Herrschaft, sondern auch an allen utopischen Entwürfen ablesbar: die Einschränkung der persönlichen Freiheit, die bis zur völligen Unterordnung unter eine straff und hierarchisch geführte Herrschaftsstruktur gehen kann. Für die moderne, nüchterne Staatstheorie, die mit Thomas Hobbes' *Leviathan* ansetzt, sind die Bedürfnisse nach Frieden und Sicherheit die entscheidenden Motive, die einander grundsätzlich feindlich gesinnte Menschen dazu bringt, sich einer souveränen Macht zu unterwerfen und dieser das Gewaltmonopol zu übertragen. Wie viel wir diesem Konzept von Sicherheit noch immer verdanken, zeigt ein kurzer Blick auf den sogenannten Kampf gegen den Terrorismus. Dieser Feind muss nicht wegen seiner tatsächlichen Schäden, die er anrichtet, bekämpft werden, auch ist die statistische Wahrscheinlichkeit, Opfer eines Terroranschlags zu werden, für die meisten Menschen eine nahezu vernachlässigbare Gefahr, sondern der Terror muss mit allen Mitteln bekämpft werden, weil er in seiner Unberechenbarkeit und Irrationalität die Sicherheitsvorstellungen moderner Territorialstaaten prinzipiell unterminiert.

Über den sozialpolitischen Aspekt von Sicherheit hinausgehend, hat die moderne wissenschaftlich-technische Zivilisation immer auch das Ziel gehabt, den Menschen vor den Unabwägbarkeiten der Natur – jahrtausendelang die Unsicherheitserfahrung schlechthin – zu schützen. Naturbeherrschung war die Voraussetzung dafür, dass Lebensläufe planbar wurden, dass Katastrophen, Hungersnöte, Feuersbrünste, Seuchen und Krankheiten zu zwar nicht vermeidbaren, aber doch kalkulierbaren Größen in wenig beunruhigenden statistischen Schwankungsbreiten werden konnten. Fundament dieses Begriffs von Sicherheit wurde die Wahrscheinlichkeitserwartung, die es erlaubt, die Frage nach möglichen Erkrankungen, Unglücksfällen, letztlich nach der Lebenserwartung aufgrund allgemeiner Parameter mit dem Hinweis auf eine statistische Größe zu beantworten, die zwar keine letzte Sicherheit bieten, aber doch die Plausibilität von Erwartungshaltungen unterstützen kann.

Mit Unsicherheiten leben – diese Formulierung meint allerdings weniger die Rücknahme des staatlichen Gewaltmonopols zugunsten privater Bewaffnung und damit verbundener Sicherheitsstrategien, obwohl auch solche Tendenzen spürbar sind, sie meint auch nicht Aufgabe des Ziels technologischer und medizinischer Naturbeherrschung, sondern vielmehr die Bereitschaft des Einzelnen, auf jene Sicherheiten des Lebens zu verzichten, die der moderne Sozialstaat glaubte, einstens versprechen zu können, und die nun angeblich weder finanziert noch garantiert werden können: Dazu gehört der Verzicht auf die Sicherheit eines lang dauernden Arbeitsverhältnisses, der Verzicht auf die Sicherheit eines staatlich garantierten Pensionsanspruches, der Verzicht auf die Sicherheit eines qualifizierten öffentlichen Bildungsangebots, der Verzicht auf die Sicherheit einer durch kollektive Versicherungsleistungen garantierten ausreichenden Behandlung im Krankheitsfall. Stattdessen wird die Risikobereitschaft des Einzelnen beschworen, die angesichts einer dynamischen Entwicklung, in der sich alles so schnell ändert, eine angemessenere Strategie zu sein scheint als das Beharren auf schwerfälligen Institutionen, die ihre Aufgaben immer weniger erfüllen können.

Sicherheit versus Risiko also. Die gegenwärtige Ideologie ließe sich plakativ so zusammenfassen: Sicherheit macht faul, Risiko hält jung. Wer für die Unabwägbarkeiten der Zukunft gerüstet sein will, muss lernen, mit Risiken umzugehen. Werfen wir einen kurzen, historisch inspirierten Blick auf diese Begriffe. Ein erster Befund könnte lauten, dass nur moderne Gesellschaften Risikogesellschaften sein können. Vormoderne Gesellschaften kennen die Gefahr und die Gefährdung, kennen auch das Wagnis und die Tollkühnheit, wenn es um den Einsatz des eigenen Lebens geht, aber sie kennen nicht das Risiko als mathematisches Kalkül zwischen einem erwartbaren Gewinn und einer bestimmten Wahrscheinlichkeit des Scheiterns. Der Begriff des Risikos selbst, so dürfen wir vermuten, entstammt deshalb folgerichtig dem Handel an der Börse. Schon im 1688 von dem spanisch-niederländischen Schriftsteller Joseph de la Vega – Marrane wie Baruch Spinoza – geschriebenen ersten Buch über die Amsterdamer Börse, das den wunderbaren Titel *Confusion de Confusiones* (Die Verwirrung der Verwirrungen) trägt, werden jene Risiken beschrieben, denen ein Anleger sein Vermögen aussetzt, und dazu gleich jene Grundsätze formuliert, die bis heute nichts von ihrer Gültigkeit eingebüßt haben und trefflich die Unsicherheiten beschrieben, mit denen man als Teilnehmer des Börsegeschehens leben muss: »Wer in diesem Spiel gewinnen will, muss Geld und Geduld haben, da die Kurse so wenig beständig und die Gerüchte so wenig begründet sind.«[75]

Das Wesen des Risikos hat dann der Soziologe Georg Simmel in seiner im Jahre 1900 erschienenen *Philosophie des Geldes* wie folgt auf den Punkt gebracht: »Alle Geldaufwendungen zu Erwerbszwecken zerfallen in zwei Kategorien: mit Risiko und ohne Risiko.« Ein Risiko liegt genau dann vor, wenn ein »bestimmter Teil des Anlagekapitals beziehungsweise des Vermögens des Subjekts auf dem Spiele« steht. Nach Simmel scheint es nun vernünftig zu sein, die Größe dieses eventuell verlierbaren Einsatzes durch »objektive Faktoren« bestimmen zu lassen: den »Wahrscheinlichkeitsbruch des Verlustes« und die »Höhe des eventuellen Gewinnes«. Ist die Risikoabschätzung also tatsächlich nur eine Frage der Wahrscheinlichkeitsrechnung? Schon Simmel machte darauf aufmerksam, dass wir gerade in unserem Risikoverhalten eben nicht rational agieren, denn »es tritt vielmehr noch ein personaler Charakter hinzu: innerhalb jeder ökonomischen Lage gibt es einen gewissen Bruchteil des Besitzes, der vernünftigerweise überhaupt nicht riskiert werden darf, gleichgültig, eine wie hohe und wie wahrscheinliche Gewinnchance dafür einzutauschen wäre. Jenes verzweifelte Aufs-Spiel-Setzen des Letzten, das damit begründet zu werden pflegt, dass man nichts mehr zu verlieren habe, zeigt durch diese Begründung, dass man auf Rationalität des Verfahrens ausdrücklich verzichtet habe.«[76]

Von Risiko kann also – auch im übertragenen Sinn – nur dort gesprochen werden, wo die Chancen von Gewinn und Verlust auf Basis von Wahrscheinlichkeiten rational kalkuliert werden können. Dass diese Kalküle oft nicht handlungsleitend sind, hat mit einem freiwilligen Entschluss zur Unvernunft, zum Hasard zu tun. Dort, wo allerdings das Unwahrscheinliche, das Unberechenbare, das Schicksal selbst zuschlägt, sprechen wir mit Recht von Gefahr und Gefährdung, nicht von Risiko. In Niklas Luhmanns *Soziologie des Risikos* wird die Differenz zwischen Risiko und Gefahr als Differenz zwischen Entscheidungen, die man sich selbst zurechnet, und Entscheidungen, die man nicht sich selbst zurechen kann, zum entscheidenden Merkmal moderner Risikogesellschaften, denen es darum geht, Gefahren in Risiken zu transformieren.[77] Es gehört sicher zu den Leistungen moderner Gesellschaften, durch einen Mix aus Aufklärung und Naturbeherrschung, Gefahren in Risiken zu verwandeln, das heißt, Handlungen sich selbst zuzurechnen und deren Folgen einem berechenbaren Gewinn- und Verlustschematismus zu unterwerfen. Das bedeutet aber auch, alles zu unternehmen, um Risiken durch umfassende und immer komplexere Sicherheitssysteme beherrschbar zu machen, was wiederum zu einer vermehrten Risikoanfälligkeit führen kann. Vormoderne Gesellschaften kennen als Gegenbegriff zur Gefahr dann auch den Begriff der Rettung, moderne Gesellschaften korrelieren Risiko mit Kontrolle. Gilt für vormoderne Gesellschaften das Wort Hölderlins aus der Ode *Patmos*: »Wo aber Gefahr ist, wächst / das Rettende auch«, so gilt nach Luhmann für moderne Gesellschaften: »Wo aber Kontrolle ist / wächst das Risiko auch.«[78] Die These von Ulrich Becks bekannter *Risikogesellschaft* lautete dann auch, dass die komplexen Großtechnologien wie die Atomtechnik nicht mehr kontrollierbare Risiken darstellen, also das Eintreten des Risikofalls eine globale Katastrophe bedeuten kann, deren weitreichende Schäden in keinem rationalen Verhältnis zu dem Nutzen dieser Technologie mehr stehen.

Bei allen Bemühungen, Risiken rational zu kalkulieren, folgen wir offenbar diesem Kalkül nicht immer. Das gilt nicht nur auf der Ebene von Technikfolgenabschätzung, sondern auch für das Seelenheil. Die berühmte Wette des Blaise Pascal etwa kann als eine klassische Risikoabschätzung gelten, deren Rationalität zwingend ist, und die wir doch kaum berücksichtigen. Bekanntlich ging es dabei um die Frage, inwieweit man ein gottgefälliges Leben führen soll, um der ewigen Seligkeit teilhaftig zu werden. Da – nach Pascal – die Wahrscheinlichkeit, dass Gott existiert, 50:50 steht, wäre jeder verrückt, der die Fünfzig-Prozent-Chance auf ewige Seligkeit dadurch verspielt, dass er stattdessen auf ein paar Jahre Wollust und Laster setzt: »Die Unsicherheit zu gewinnen, steht in einem sinnvollen Verhältnis zur Sicherheit des Wagnisses, entsprechend dem Verhältnis der Gewinn- und Verlustmöglichkeiten. Und wenn es ebenso viele Möglichkeiten auf der einen wie auf der anderen Seite gibt, so ergibt sich daraus ein Spiel von Gleich zu Gleich; und alsdann ist die Sicherheit des Wagnisses der Unsicherheit des Gewinnens gleich: So kann keine Rede davon sein, dass zwischen beiden unendlicher Abstand sei. Und so hat unsere These unendliche Wahrscheinlichkeitskraft, wenn man in einem Spiel, in dem die Gewinn- und Verlustmöglichkeiten gleich sind und das Unendliche zu gewinnen ist, nur das Endliche zu wagen braucht. Das ist überzeugend; und wenn die Menschen irgendeiner Wahrheit fähig sind, so ist es diese Wahrheit.«[79]

Ähnlich irrational wie derjenige, der sich der Logik von Pascals Wette verschließt und um einiger endlicher Sünden und Lüste wegen seine ewige Seligkeit verspielt, verhält sich auch jeder Spieler, der mitunter Vermögen und Leben entgegen alle Rationalität der Wahrscheinlichkeitserwartung riskiert, weil es ihm gar nicht um einen möglichen Gewinn, sondern um den Kitzel des Risikos selbst geht – und das gilt, wie schon Georg Simmel festhält, für alle Aktivitäten, in denen das Risiko nicht Gegenstand der Kalkulation, sondern Quelle von Lust geworden ist. An einem einfachen Beispiel wie dem aufkeimenden Alpinismus hat Georg Simmel diese unethische Kehrseite des Risikodenkens dargelegt: »Ein Alpinist wäre wahrscheinlich entrüstet, wenn man ihn mit einem Spieler in gleiche Parallele setzen wollte; und doch: beide setzen um rein subjektiver Erregungen und Befriedigungen willen ihre Existenz aufs Spiel – denn auch der Spieler fragt unzählige Male nicht nach dem materiellen Gewinn, sondern nur nach der Anspannung des Lebensgefühles durch das Risiko, nach der packenden Mischung von Kaltblütigkeit und Leidenschaft, von eigener Gewandtheit und Gunst unberechenbarer Mächte. Der Alpinist spielt um einen Einsatz, der sittlicherweise nur um der höchsten objektiven Werte, nicht aber um selbstischer, unmitteilbarer Freuden willen gewagt werden sollte. Darüber kann nur der romantische Reiz täuschen, den jedes freiwillige Lebensrisiko von den Zeiten her zu Lehen trägt, in denen soziale oder religiöse Verpflichtung unzählige Male nur um den Preis des Lebens erfüllt werden konnte und die diesem deshalb, zu welch' anderen Zwecken er auch geschehe, einen noch unverflogenen Schimmer sittlicher Würde erweckt haben.«[80] Keine Frage, dass dieser »romantische Reiz« allenthalben dafür verantwortlich ist, dass Menschen das Einzige, was sie haben, nämlich ihr Leben, riskieren, um etwa bei einer Gesamtfahrzeit von einigen Stunden ganze zwanzig Sekunden früher am Ziel zu sein. Gerade weil Risiko bedeutet, rational einschätzbare Gewinn- und Verlustrechnungen aufmachen zu können, gehorcht das Verhalten nicht immer dieser Rationalität, sondern gewinnt einen eigenen Kitzel daraus, dagegen zu verstoßen. An seine Grenzen gehen, heißt hier auch, Risiken einzugehen, gerade weil das Verhältnis von Gewinn- und Verlustchancen unkalkulierbar geworden ist und die Lust des Überlebenden im Bewusstsein besteht, noch einmal davongekommen zu sein.

Lieben wir deshalb die Unsicherheit? Nein. Wir lieben, manchmal, das Spiel mit dem Risiko – aber das bedeutet, dass wir selbst entscheiden wollen, wann wir dieses Risiko eingehen und wann nicht. Sofern Sicherheit sich auf von uns nicht kalkulierbare Gefahren bezieht, wollen wir diese Gefahren minimieren und verlangen größtmögliche Sicherheit. Gerade weil moderne Gesellschaften Risikogesellschaften sind, sind sie auch Sicherheitsgesellschaften. Die entscheidende Frage dabei ist, welche Formen der Risikoabschätzung wir als Individuen selbst übernehmen wollen oder sollen, und welche Formen kollektiven Risikoverhaltens durch gemeinschaftliche Sicherheitsvorkehrungen aufgefangen werden sollen. In einer mobilen Gesellschaft etwa lässt sich dies leicht am Umgang mit Verkehrs- und Transportrisiken erläutern. Würde etwa der

Flugverkehr ähnliche Unfall- und Todesraten aufweisen wie der motorisierte Individualverkehr – mehr als 30 000 Tote pro Jahr in der EU –, würde schon längst kein Mensch mehr ein Flugzeug besteigen. Im Individualverkehr wird diese Todesrate allerdings problemlos akzeptiert. Warum? Während jedes Flugzeugunglück als das Versagen eines Sicherheitssystems interpretiert wird, auf das der Einzelne mit dem Kauf eines Tickets einen Anspruch verbindet, wird jeder Unfalltote im Straßenverkehr als Ausdruck eines individuellen Risikoverhaltens gewertet, das jeder akzeptieren muss, der sich in ein Auto setzt. Die hohe Wertigkeit individueller Mobilität verbunden mit der Ideologie individuell zurechenbaren Risikoverhaltens erlaubt im Straßenverkehr eine Unfallrate, die in jedem anderen gesellschaftlichen Segment undenkbar wäre. Das statistisch kaum bezifferbare Risiko, an BSE zu sterben, hat etwa dazu geführt, dass Millionen von Rindern notgeschlachtet wurden – in modernen Gesellschaften ist das, was als zumutbares Risiko interpretiert werden kann, mitunter weniger eine Frage der faktischen Bedrohungen als vielmehr Resultat medialer Hysterien.

Wer die Begriffe Risiko, Unsicherheit und Zukunft in einem Atemzug nennt, meint allerdings mehr als nur die irrationalen Momente individuellen Risikoverhaltens. Es gehört zu den Topoi der Selbstdeutungsversuche unserer Epoche, dass wir Zeiten zunehmender Unsicherheit und Instabilität entgegensehen, die vom Einzelnen ein Mehr an Risikobereitschaft abverlangen. So plausibel diese Diagnose auch sein mag, selbstverständlich ist sie nicht. Für den Raum der EU etwa könnte geltend gemacht werden, dass eine politisch und sozial stabile Staatengemeinschaft mit einem bisher noch nie gekannten technologischen und ökonomischen Potenzial spielend in der Lage sein müsste, allgemeine Rahmenbedingungen zu definieren, die bei aller Bandbreite unterschiedlicher Handlungsoptionen das soziale Grundbedürfnis nach Sicherheit in Bezug auf Arbeitsplatz, medizinische Versorgung und Altersversorgung gewährleisten können sollte. Die stakkatoartig ausgestoßenen Drohungen, dass von den Arbeitsplätzen über die Gesundheitsvorsorge bis zu den Pensionen alles unsicher geworden sei, könnten so nicht nur als Ausdruck einer tatsächlich prekären Lage der Staatshaushalte und Volkswirtschaften gewertet werden, sondern als eine propagandistische Strategie, um den von manchen aus politischen Gründen erwünschten Umbau der Gesellschaft von einem öffentlichen Sozialstaat in eine privat organisierte Vorsorgegesellschaft zu beschleunigen. Und wer mit dem Bedürfnis nach Sicherheit ein Geschäft machen will, tut gut daran, die Menschen, wo immer er kann, zu verunsichern.

Die entscheidenden theoretischen Zusammenhänge zwischen Risiko, Unsicherheit und Zukunft liegen allerdings woanders – im Begriff der Zukunft selbst. Moderne Gesellschaften, so sagt man gerne, sind prinzipiell auf Zukunft orientierte Gesellschaften. Aber was heißt das? Für sie ist die Schnittstelle zwischen Vergangenheit und Zukunft das entscheidende Merkmal zur Selbstbeschreibung. Zukunft kann und muss als Zukunft erfahren werden, weil sie sich entscheidend von der Vergangenheit unterscheiden wird – und aus dieser Unterscheidung gewinnen moderne Gesellschaften ihre Identität. Es wäre für eine moderne Gesellschaft eine Katastrophe, müsste man sich etwa nach zwanzig Jahren Zukunftshoffnungen eingestehen, dass sich nichts Wesentliches geändert hat. Deshalb gilt: Die nahe Zukunft wird alles verändern, nichts wird bleiben, wie es ist, und die ersten Anzeichen dafür sind immer schon spürbar. Gegenwart schrumpft in dieser Perspektive allerdings zu einer ungemütlichen Befindlichkeit: Durchsetzt von den Flecken einer Vergangenheit, die es zu überwinden gilt – veraltete Strukturen, veraltete Technologien, veraltete

Konzepte, veraltete Ideen –, und schon angesteckt von den Keimen des Neuen, das alles besser machen wird – neue Strukturen, neue Technologien, neue Konzepte, neue Ideen –, darf die Gegenwart nie bei sich sein. Allerdings, während die Vergangenheit hartnäckig nachwirkt, darf auch das Neue, Bessere nie verwirklicht werden, denn dann wäre es keine Zukunft. Die Zukunft verhält sich in der Moderne wie der Horizont, der immer zurückweicht, wie sehr man ihm auch entgegeneilt. Im Gegensatz zu dem ideologischen Slogan »Zukunft kommt!« muss Zukunft, damit sie ihre Sogwirkung bewahrt, entschwinden, muss jedes Versprechen, das eingelöst wird, jede Technologie, die sich durchgesetzt hat, jede Reform, kaum dass sie zu greifen beginnt, schon wieder durch etwas, das die nahende Zukunft verspricht, überboten werden. Und der sich daraus oft ergebende Taumel wird dann häufig mit Beschleunigung verwechselt.

Da im Gegensatz zu vormodernen Gesellschaften die Moderne von der Zukunft tatsächlich das Neue, das heißt Unbekannte erwartet – andere erwarteten die Wiederkunft des Gleichen oder zumindest die Wiederkunft Christi –, ist diese Erwartung auch in ganz anderer Weise von Unsicherheit gekennzeichnet als in Gesellschaften, die viel stärker mit dem Modell der Wiederholung arbeiten konnten. Zukunftsoffenheit muss Unsicherheit bedeuten, denn die Zukunft wäre im modernen Zeitverständnis keine Zukunft, wenn man wüsste, was sie bringen wird. Zukunft muss selbst als Risiko erfahren werden, ja sie ist das Risiko schlechthin.[81] Sie eignet sich deshalb als vorzügliche Projektionsfläche für Hoffnungen und Ängste aller Art, sie ist deshalb aber auch der eigentliche Zuchtmeister moderner Gesellschaften. Wer immer seine Interessen durchsetzen will, macht dies gegenwärtig mit der Drohgebärde, dass anderenfalls die Zukunftsfähigkeit – des Landes, der Wirtschaft, des Standortes, seiner Partei – gefährdet sei.

116

Zwar weiß niemand, was in Zukunft tatsächlich vonnöten sein wird, aber was immer jemand tut, tut er im Glauben, damit ein Stück Zukunft bannen zu können.

Indem Zukunft als Risiko aufgefasst wird, kommen wir allerdings in eine seltsame Aporie: Das Unberechenbare muss berechenbar gemacht werden. Wäre dies nicht so, wäre Zukunft wie bisher auch etwas anderes: Schicksal zum Beispiel oder Kismet oder Zufall. Die Deutung der Zukunft als Risiko, das beherrschbar ist, ist die zeitgenössische Variante der Geschichtsphilosophie des 19. Jahrhunderts. Beiden Modellen eignet der Gedanke der Unausweichlichkeit von Zukunft, der man nur beikommen kann, wenn man sich ihr fügt. So wie die Hegelianer und Marxisten im Einklang mit der historischen Notwendigkeit deren Triumphe mitauskosten wollten, so gilt es heute, den vermeintlichen Unausweichlichkeiten der Zukunft durch vorauseilende Anpassung jenes Maß an Gewinn abzuringen, das uns das Risiko der Zukunft erträglich erscheinen lässt. An die Stelle der geschichtsmetaphysischen Spekulation ist lediglich die Trendforschung getreten, die jene Handlungen in die Zukunft extrapoliert, die vorher als zukunftsträchtig apostrophiert worden sind. Was bei Hegel noch »Einsicht in die Notwendigkeit« hieß, heißt heute salopp »Erkenne den Trend«. Solange wir aber mit zwei Faktoren menschlichen Handelns rechnen müssen – mit der Freiheit und dem Zufall –, wird es den Trendforschern wenig anders als den Geschichtsmetaphysikern gehen. Immerhin erfüllt die Trendforschung den Sinn, die Zukunft zumindest dem Schein nach berechenbar und damit zu einem vermeintlichen Risiko zu machen.

Gegenüber dem Diktat der Zeit gibt es aber keine letzte Sicherheit. Gesellschaften haben zwar schon immer versucht, sich gegen die Zukunft zu versichern – in erster Linie durch die Schaffung von Kontinuitäten, Traditionen und Institutionen, denen, weil sie sich durch Vergangenheiten gehalten haben, auch Konsistenz in der Zukunft zugetraut wurde. Moderne Gesellschaften sind aber in einem radikalen Sinn traditionslos geworden: Sie haben im Wortsinn nichts mehr weiterzutragen, weil sie alles von einer Zukunft erwarten, von der sie nur eines wissen: dass sie die Vergangenheit durchstreichen soll. Damit ist eine neue, grundlegende Form von sozialer Unsicherheit gegeben, die sich aus einem Wissen ergibt, das davon überzeugt ist, dass die Vergangenheit nicht in die Zukunft, wohl aber die Zukunft schon in die Gegenwart hineinreicht. Während die klassischen sozialpolitischen Utopien die Zukunft als einen Ort dachten, der detailliert ausgemalt werden konnte und nicht selten einer Rückkehrphantasie entsprach – zurück zur Natur, zurück zum Urchristentum, zurück zum Urkommunismus, zurück zum Matriarchat, back to the roots –, kann die moderne Gesellschaft nur noch eine einzige Vision haben, letzter säkularisierter Abglanz ihrer religiösen Wurzeln: die Ahnung des kommenden Gottes. Von diesem bleibt allerdings nur die Vision des Kommens selbst: Zukunft, so unbestimmt wie unausweichlich. Etwas kommt. Mehr kann dazu nicht gesagt werden. Messianismus auf dem absoluten Nullpunkt seiner Emphase. Aber immerhin: Weil man nicht weiß, was die Zukunft bringen wird, kann man auf Wahrscheinlichkeiten setzen und auf deren Eintreten oder Nichteintreten Wetten abschließen. Es gehört zu den noch nicht wirklich begriffenen Eigenarten unserer Zeit, dass die Wette auf die Zukunft mittlerweile ins Zentrum der Ökonomie gerückt ist und gigantische Vermögen bei diesen Wetten gewonnen oder verloren werden, so, als hätten wir Pascals Wette akzeptiert – aber in einer säkularisierten Form als eine Wette auf die Zukunft, die die Chance, sehr schnell sehr reich zu werden, der ewigen Seligkeit gleichsetzt, für die sich fast jeder Einsatz lohnt.

Der Geschmack der Nachhaltigkeit

An den Grenzen der Zukunft

Eine Wette auf die Zukunft, für die sich fast jeder Einsatz lohnt? Auch der, die Zukunft im Namen der Zukunft zu ruinieren? Denn natürlich kann man auch große Gewinne machen, indem man auf die Katastrophen der Zukunft setzt. Gleichzeitig sorgen sich immer mehr Regierungen und Menschen um die Zukunftschancen der Zukunft. Jede anspruchsvolle politische Ethik und die mit ihr verschwisterten ökonomischen, technologischen und sozialen Praktiken orientieren sich seit geraumer Zeit deshalb am Konzept der Nachhaltigkeit. Dies bedeutet nichts anderes, als dass der Zukunftshorizont in die Motivationslage des je aktuellen Handelns einbezogen werden muss. Beginnen wir aber einmal mit einer etwas anders akzentuierten Frage: Wie schmeckt eigentlich Nachhaltigkeit? Was spüren wir, wenn wir diesen Begriff auf unserer Zunge zergehen lassen? Die Antwort lautet schlicht und ergreifend: wenig. Nachhaltigkeit schmeckt eher fad. Ein Begriff, der weder provoziert noch aufregt. Ein Begriff, der vorab eben keinen Unterschied markiert. Das hat nichts mit der Dringlichkeit, Notwendigkeit und Plausibilität jener Maximen, Konzepte und Projekte zu tun, die mit dem Begriff der Nachhaltigkeit primär assoziiert werden. Ein Wirtschaftssystem, das nicht mehr Ressourcen verbraucht, als es auch erneuern kann, ein Umgang mit der Umwelt, der nicht nur im Eigeninteresse schonend ist, sondern auch die Interessen künftiger Generationen miteinschließt, und eine soziale Ordnung, die an langfristigen Perspektiven orientiert ist, die ein gutes Leben nicht nur von den Konjunkturen und Moden der Zeit abhängig machen: Wer wollte gegen solche Prinzipien etwas einwenden? Aber genau darin liegt das Problem!

Ein Prinzip, zu dem sich nahezu alle Staaten und alle politischen Parteien dieser Erde ohne größere Vorbehalte bekennen, ist entweder eine nichtssagende Selbstverständlichkeit oder eine gut klingende Phrase. Als im Juni 1992 bei der historischen Konferenz der Vereinten Nationen für Umwelt und Entwicklung in Rio de Janeiro 170 Staaten ein Aktionsprogramm verabschiedeten, das dem Prinzip der Nachhaltigkeit verpflichtet war, war das, wie wir heute wissen, nicht viel mehr als eine Absichtserklärung, die dann von den einzelnen Staaten recht unterschiedlich interpretiert wurde. Die Enttäuschung bei der zehn Jahre später stattfindenden Nachfolgekonferenz in Johannesburg war dann auch groß, von den ehrgeizigen Zielen in Sachen Umwelt und Entwicklung war nicht mehr viel die Rede. Ob die Jubiläumskonferenz Rio +20, die im Sommer des Jahres 2012 wieder in Rio de Janeiro stattfand, dem Konzept der Nachhaltigkeit nachhaltig neuen Schwung verleihen kann, muss vorerst wohl bezweifelt werden. Man hätte diese prekäre und unbefriedigende Entwicklung allerdings schon bei der ersten Konferenz in Rio voraussehen können: Wenn die Umstellung von Wirtschafts- und Sozialsystemen, von Technologien und Ökologien auf Nachhaltigkeit wirklich solch ein revolutionärer Einschnitt hätte sein sollen, wie verkündet, dann wäre nicht nur keine Einigkeit erzielt worden, dann hätte es auch lautstarken Protest dagegen gegeben. Denn wie jede wirksame Reform wäre auch diese an den Schmerzensschreien derjenigen abzulesen gewesen, denen solch ein Paket an Eingriffen zumindest kurzfristig mehr schadet als nützt. Allerdings: Während bei Reformen des Sozialsystems etwa die Rentner und die Kranken, die Arbeitslosen und die Alleinerzieher, also diejenigen, die nach Status und Kaufkraft ohnehin im unteren Drittel der Gesellschaft angesiedelt sind, schmerzhafte Einschnitte verspüren sollen, hätte eine ernsthafte Umsetzung des Prinzips der Nachhaltigkeit in erster

Linie die ressourcenverbrauchenden Konzerne, die Propagandisten und Nutznießer der Wegwerfgesellschaft, die Profiteure der Urwaldzerstörungs- und Tiervernichtungsindustrien und die Lobbyisten der Kernenergie getroffen. Offenbar ist hier die Bereitschaft, zur Sicherung der Zukunft schmerzhafte Einschnitte hinzunehmen, nicht ganz so groß wie bei Rentnern, Arbeitslosen und Kranken. Um jedoch keine falschen Vorstellungen aufkommen zu lassen: Die Umsetzung der Beschlüsse von Rio und der daran anschließenden nationalen Aktionsprogramme hätte natürlich zu zum Teil dramatischen Veränderungen im individuellen Konsumverhalten und in den Fragen der Lebensgestaltung führen müssen, Veränderungen, zu denen auch jenseits der damit verbundenen ökonomischen und technologischen Verschiebungen die Bereitschaft der Menschen nach wie vor nicht allzu groß sein dürfte.

Nachhaltigkeit: Verteidigt wird dieses Konzept mit dem in zahlreichen Varianten vorgetragenen Hinweis darauf, dass wir in nahezu allen entscheidenden Fragen, die Lebensmöglichkeiten auf diesem Planeten betreffend, an äußerste Grenzen gestoßen sind – ob dies die vielzitierten Grenzen des Wachstums, die Grenzen der natürlichen Ressourcen, die Grenzen aggressiver Technologien, die Grenzen der Beherrschbarkeit ökologischer Katastrophen oder die Grenzen kurzfristig agierender Märkte sind. Trotz dieser Brisanz fehlt dem Begriff der Nachhaltigkeit, seinem Klang und seinem Geschmack, etwas von der Schärfe, die seine politische Realisierung eigentlich darstellt. Das mag auch damit zu tun haben, dass der Begriff aus einer Sphäre stammt, die nicht unbedingt geeignet ist, einer modernen, technifizierten Welt eine kritische Würze zu verleihen: der Land- und Forstwirtschaft. In diesem Zusammenhang ist der Begriff übrigens älter als vermutet. Er wurde im Jahre 1718 von Hans Carl von Carlowitz, einem kursächsischen Beamten, geprägt, der damit einen schonenden Umgang mit den knappen Holzressourcen seiner Zeit in die Wege leiten wollte[82], und auch das Grimmsche Wörterbuch kennt für das Wort »nachhaltig« schon eine entsprechende Belegstelle in *Webers ökonomischem Lexikon* von 1832: »Nachhaltiger ertrag des bodens wird nur erreicht, wenn der boden in gutem stand erhalten wird.«[83]

Der philosophisch interessante Gedanke im Konzept der Nachhaltigkeit liegt allerdings in der These, dass das gegenwärtige Handeln nicht nur im Horizont unmittelbarer Erfolgserwartung, sondern auch im Hinblick auf die gedeihlichen Lebensmöglichkeiten künftiger Generationen erfolgen soll. Lange bevor der Begriff der Nachhaltigkeit sich im politischen Diskurs durchsetzte, hatte der Philosoph Hans Jonas in seinem Spätwerk *Das Prinzip Verantwortung* die entscheidende Maxime für ein zukunftsorientiertes Handeln formuliert. In diesem Zusammenhang verweist Hans Jonas darauf, dass die traditionellen Moralen von den Handlungsmöglichkeiten und dem Erwartungshorizont des einzelnen Subjekts ausgegangen sind und deshalb nicht mehr genügen, um das Problem nachhaltiger Eingriffe in die Natur, die die Lebensmöglichkeiten künftiger Generationen beschneiden oder gar sabotieren könnten, zu lösen. Die traditionelle Ethik, namentlich die Immanuel Kants, hatte den Menschen aufgefordert, in Übereinstimmung mit seiner Vernunft, in der sich gleichsam die Idee der Menschheit repräsentiert, zu handeln, und damit das Unmoralische als logischen Selbstwiderspruch definiert. Es liegt aber, so Jonas, »kein Selbstwiderspruch in der Vorstellung, dass die Menschheit einmal aufhöre zu existieren, und somit auch kein Selbstwiderspruch in der Vorstellung, dass das Glück gegenwärtiger und nächstfolgender Generationen mit dem Unglück oder gar der Nichtexistenz späterer Generationen erkauft wird«. Dass die Reihe der Generationen überhaupt weitergehen soll, dass also die Menschheit auch weiterhin existieren soll, stellt sich angesichts der Destruktionspotenziale moderner Technologien als die eigentlich entscheidende ethische Frage dar, und sie ist nicht mit Rückgriff auf eine Individualmoral, sondern nach Jonas nur »metaphysisch« zu beantworten.[84]

Hans Jonas sieht sich also durch die Krise der traditionellen Ethik vor die Aufgabe gestellt, einen neuen Imperativ zu formulieren, der den Fortbestand der Gattung Mensch mitberücksichtigt, und gleichzeitig dessen implizite Voraussetzung, dass Menschen sein sollen, metaphysisch zu begründen. Die Formulierungen, die Jonas diesem Imperativ gegeben hat, spielen in den ökologischen und technikkritischen Debatten seit den achtziger Jahren des vorigen Jahrhunderts eine entscheidende Rolle. Jonas formulierte diesen Imperativ unter anderem folgendermaßen: »Handle so, dass die Wirkungen deiner Handlung verträglich sind mit der Permanenz echten menschlichen Lebens auf Erden« oder, negativ formuliert: »Handle so, dass die Wirkungen deiner Handlung nicht zerstörerisch sind für die künftigen Möglichkeiten solchen Lebens.«[85] Für Jonas besagten diese Formulierungen letztlich, dass wir, aus welchen Gründen auch immer, »zwar unser eigenes Leben, aber nicht das der Menschheit wagen dürfen«. Und ihm war klar, dass mit diesen Formulierungen in einer bisher nicht bekannten Form der »Zeithorizont« zu einem bestimmenden Kriterium ethischen Verhaltens wurde, letztlich »Zukunft« zum letzten Sinnhorizont verantwortlichen Handelns wird.[86]

Allerdings wissen wir über die Interessen und Wünsche der nachfolgenden Generationen wenig bis nichts. Und auch die Frage, was »echtes menschliches Leben« ist, kann über größere Zeiträume kaum beantwortet werden. Hätte ein Mensch des Mittelalters, ja noch des 19. Jahrhunderts unsere Art des Lebens und Treibens, die Technik und die Hektik, die Gier und den Individualismus, die Säkularisierung und den Materialismus als »echtes menschliches Leben« gewertet? Wohl kaum. Wer für das Wohl der künftigen Generationen sorgen will, kann nicht anders, als seine eigenen Maßstäbe in die Zukunft zu projizieren. Wir können immer nur von unseren Befindlichkeiten ausgehen und diese in die Zukunft extrapolieren. Das Konzept der Nachhaltigkeit und Hans Jonas' Imperativ der Verantwortung besagen allerdings eines: Es darf nicht schlechter werden – und dies kollidiert mit unserer Grundüberzeugung, dass der Fortschritt es in sich hat, dass ohnehin alles besser wird. Das Konzept der Nachhaltigkeit hätte eigentlich darauf aufmerksam machen müssen, dass es auch zivilisatorische und technologische Rückschritte und Rückentwicklungen geben kann. Wer die für einen zivilisatorischen Standard notwendigen Ressourcen jetzt verbraucht, sorgt damit auch dafür, dass nachfolgende Generationen hinter diesen Standard zurückfallen müssen.

Nachhaltig zu wirken, war schon seit langem ein Menschheitstraum. Aber in der Regel war dabei eher daran gedacht, alles zu tun, damit man nicht allzu schnell vergessen wird. Nachhaltig sollte der Ruhm sein, mit dem man seine Taten gerne ausgestattet hätte. In seiner durch Thukydides überlieferten, berühmt gewordenen Grabrede auf die Gefallenen des Peloponnesischen Krieges hatte Perikles, die Macht der athenischen Demokratie beschwörend, die klassische Ruhmesformel geprägt: »Mitwelt und Nachwelt werden mit Bewunderung auf uns blicken.«[87] Wer den Ruhm sucht, will immer beides: die ungeteilte Aufmerksamkeit und Bewunderung durch die Zeitgenossen und einen unauslöschlichen Platz im Gedächtnis der nachfolgenden Generationen. Die Antike wusste allerdings, dass der Ruhm ein Geschenk der Götter ist und nur dem gebührt, der sich durch besonders tapfere Taten oder kluge Ratschläge Verdienste für die Gemeinschaft erworben hat. Wenn wir allerdings über Nachhaltigkeit sprechen, denken wir nicht mehr an den Ruhm. Eher schon fürchten wir, dass wir den nachfolgenden Generationen nicht viel mehr als den Satz, den Bertolt Brecht *An die Nachgeborenen* gerichtet hat, hinterlassen können: »Ihr aber, wenn es so weit sein wird / Dass der Mensch dem Menschen ein Helfer ist / Gedenkt unserer / Mit Nachsicht.«[88] Anbei: Brecht hoffte natürlich, dass irgendwann einmal die friedlich in einer kommunistischen Gesellschaft lebenden Menschen unserer mit Nachsicht gedenken werden. Dieser Perspektive war, wie wir wissen, jedoch keine große Nachhaltigkeit beschieden. Orientieren wir uns an den Krisenszenarios der Nachhaltigkeitsdebatten, dann ist eher nicht zu erwarten, dass die Nachgeborenen, die um die letzten Ressourcen, die wir ihnen hinterlassen haben, blutige Kriege führen werden, unserer mit Nachsicht gedenken werden.

Natürlich ist der Zeithorizont, ob wir es wollen oder nicht, eine wesentliche Dimension unseres Handelns. Nur, was nachhaltig wirkt, lässt sich aus der Motivations- und Ausgangslage der Handelnden schwer vorhersagen. Einige der Bauwerke, die für die Ewigkeit gedacht waren, hatten tatsächlich Bestand: die Pyramiden. Allerdings: Diese Bauwerke waren nicht vom Gedanken der Nachhaltigkeit geprägt, sondern von der Sehnsucht nach Unsterblichkeit. Von anderen Bauwerken dieser oder ähnlicher Art fehlt jede Spur. Einige Gedanken der Menschheit beschäftigen uns bis heute, andere sind längst vergessen. Dem Konzept der Nachhaltigkeit gehorchten aber alle Institutions- und Traditionsbildungen. Denn diese Organisationsformen waren geradezu geschaffen worden, um die Lebensspanne einer Generation zu überdauern und in die Zukunft nachhaltig zu wirken. Warum das Konzept der Nachhaltigkeit auf viele Menschen unattraktiv wirken mag, hat vielleicht genau damit zu tun: keine Nachhaltigkeit ohne Bildung von Traditionen. Traditionen gelten aber als starr, unmodern, unbeweglich, unzeitgemäß. Man muss diesem Widerspruch ins Auge sehen, wenn man wissen will, warum in einer dynamischen, alle Kontinuitäten auflösenden Welt Nachhaltigkeit zu einer Phrase werden musste.

Nachhaltigkeit ist in der politisch-ökologischen Diskussion positiv besetzt. Warum eigentlich? Es gibt auch den nachhaltigen bitteren Geschmack, der allen von uns unangenehm ist. Anders formuliert: Es gibt nachhaltig wirksame Handlungen und Eingriffe des Menschen, die uns überhaupt nicht gefallen können. Pointiert könnte man sagen, dass der Begriff in seiner negativen Geschmacksrichtung eigentlich viel plausibler ist. Die Abholzung der Wälder Istriens und Dalmatiens durch die Römer hat ziemlich nachhaltig gewirkt: Die dadurch entstandene Karstlandschaft existiert auch nach zweitausend Jahren noch; dass viele diese karge Landschaft mittlerweile als unglaublich schön empfinden, zeigt übrigens einiges von der seltsamen Dialektik der Nachhaltigkeit. Wünscht ein begeisterter Karstwanderer tatsächlich, dass die Römer umweltbewusster und zukunftsbesorgter hätten handeln sollen? Und man wird schwer ein nachhaltigeres Produkt auf dieser Erde finden können als den Atommeiler. Tschernobyl, Fukushima – und übrigens auch der ganz alltägliche radioaktive Müll – werden nicht nur zwei, sondern viele Jahrtausende vor sich hin strahlen, eine permanente Gefahr für alle Organismen, die sich in deren Nähe aufhalten. Was dies bedeuten kann, hat Alexander Kluge in einer Erzählung drastisch veranschaulicht. Es ist die Geschichte eines Grafikers aus Lemberg, der sich die Aufgabe stellt, ein Zeichensystem zu erfinden, das auch noch in einigen Jahrtausenden gelesen und verstanden werden kann und mit dessen Hilfe die folgenden Generation vor den strahlenden Atomruinen gewarnt und informiert werden können, wie sie sich davor schützen können.[89] Erst die Nachhaltigkeit unserer Destruktionen und Gefährdungen zwingt uns dazu, über nachhaltige Strategien zu deren Kommunikation, Bekämpfung und Eindämmung nachzudenken.

Nachhaltigkeit mag kein trennscharfer Begriff sein, er klingt aber gut und zustimmungsfähig. Und vor allem: Er lässt sich auf alles ausdehnen. Warum deshalb nicht auch: Nachhaltigkeit und Kultur. Am Beginn dieses vielleicht skurrilen, aber bezeichnenden Abkömmlings der Nachhaltigkeitsdebatte stand das *Tutzinger Manifest für die Stärkung der kulturell-ästhetischen Dimension nachhaltiger Entwicklung,* das im April 2001 verabschiedet wurde. Dort hieß es: »Das Konzept ›Nachhaltige Entwicklung‹ kann und muss in der Weise vertieft und weiterentwickelt werden, dass es gleichberechtigt mit Ökonomie, Ökologie und Sozialem auch Kultur als quer liegende Dimension umfasst.«[90] Der Zusammenklang von Kultur und Nachhaltigkeit hält allerdings einige Paradoxien für uns bereit, die imstande sind, der ganzen Debatte vielleicht nicht die erwünschte Süße, aber doch etwas Würze zu geben.[91] Einerseits, so ließe sich argumentieren, gibt es, abgesehen von den negativen Beispielen, wenig, das nachhaltiger gewirkt hätte als Kultur: Platon und Aristoteles, Konfuzius und Buddha lesen wir noch immer, vom Alten Testament gar nicht zu reden, Texte, die nicht nur die Jahrtausende überdauert haben, sondern noch immer wirksam sind. Ähnliches gilt auch für Kunstwerke im engeren Sinn: die Tragödien des Sophokles, die Tempel der Akropolis, die Grabbauten der Ägypter, über Jahrtausende tradierte Formen der Poesie, der Musik und der Malerei: Dokumente der Nachhaltigkeit, die nachhaltig deshalb sind, weil in ihnen Fragen und Themen formuliert werden, die uns noch immer berühren. Und dort, wo Schönheitsideale formuliert worden sind, wollte man, dass diese für alle Zeiten gelten. Nur: Genau das wollen wir nicht mehr. Wenn im *Tutzinger Manifest* gefordert wurde, dass, wenn Nachhaltigkeit attraktiv sein und faszinieren soll, wenn sie die Sinne ansprechen und Sinn vermitteln soll, die »Kategorie der Schönheit zu einem elementaren Baustoff einer Zukunft mit Zukunft, zu einem allen Menschen zustehenden Lebensmittel« werden soll, dann muss auch daran erinnert werden, dass die Moderne, und nicht zuletzt die Kunst der Moderne, diesen universell gedachten Schönheitsbegriff rücksichtslos zerstört hat.

Kunst heute orientiert sich an anderen Parametern, und sie hat schon lange nicht mehr das »Werk«, das der Zeit Widerstand leistet, im Auge, sondern die Aktion, die schnelle Sensation, den rasch vergehenden Reiz, sie gehorcht, wie alles andere auch, dem Markt und seinen Moden. Wer mit einem Schönheitsbegriff operiert, der seine Gestalt nicht mit jeder Mode ändert – und nur ein solcher könnte nachhaltig wirken –, wird sich rasch der Gefahr eines gewissen Konservatismus, womöglich gar ästhetisch reaktionären Denkens ausgesetzt sehen. Dieser Verdacht schwebt über jedem Versuch, Nachhaltigkeit auch kulturpolitisch zu denken. Und darüber darf nicht vergessen werden, dass in der künstlerischen Kreativität nicht nur Momente des Schaffens, der Produktion eingegangen sind, sondern immer auch, und nicht nur in der Moderne, Momente des Zerstörens, der Destruktion, des Vernichtens. Nachhaltiger als so manche Kriege haben die Künstler des Barock die gotischen Kathedralen zerstört, und manche deutsche Städte sind nicht nur durch den Bombenhagel der Alliierten, sondern auch durch die Architekten der Nachkriegszeit demoliert worden. Im Kampf um eine nachhaltige Entwicklung der Zivilisation sind die Künstler höchst unsichere Bundesgenossen. Auch wenn Nachhaltigkeit ein durch die Not der Verhältnisse diktiertes, nicht wirklich mitreißendes Konzept ist, dem wir uns aber nicht verschließen können: Für den einen oder anderen bitteren Beigeschmack ist auch in Zukunft gesorgt.

Urbanität

An den Grenzen der Stadt

Einen bitteren Beigeschmack muss auch jener spätmittelalterliche Heerführer auf den Lippen gehabt haben, der einem schnöden Verrat zum Opfer fiel und nun – vor den Toren einer Stadt – das Beil des Henkers vor sich aufblitzen sah. Ob er in diesem Moment an die unerfüllte Maxime seines Lebens dachte? Immerhin: Der Wahlspruch des Ritters Andreas Baumkircher, des Freiherrn von Schlaining, hatte gelautet: »Die Burg für den Teufel, die Stadt für die Welt und das Kloster für sein Himmelreich.«[92] Damit hatte sich der Kampfgefährte und spätere Gegner Kaiser Friedrichs III. nicht nur einen Leitspruch für sein Leben gegeben, sondern auch den Horizont des mittelalterlichen Denkens noch einmal abgeschritten, dem Goethe im *Faust* die klassische Formulierung gegeben hatte: »Vom Himmel durch die Welt zur Hölle.«[93]

Im Spannungsfeld zwischen diesen Sphären bewegte sich der Mensch, ihnen hatte er sich zu stellen. Der Ritter Baumkircher wollte sich offensichtlich mit all diesen Sphären gut stellen, für den Teufel als Vertreter der Hölle baut er die Burg Schlaining, den Himmel möchte er mit der Errichtung eines Klosters gewinnen, für die Welt, den Ort, an dem der Mensch die Zeitspanne seines irdischen Lebens verbringen muss, gründet er eine Stadt. Die Zuordnung der Bauvorhaben zu den Dimensionen christlich-religiöser Seinsvorstellungen ist durchaus sinnig: Die Burg repräsentiert nicht nur Macht und Schutz, sondern war auch ein Symbol für Gewalt und Krieg, für Belagerung und Verrat, und manch eine Sage erzählt von Teufelsburgen, die sich dem Bösen selbst verdanken. Das Kloster wiederum galt als Vorschein himmlischen Lebens im Irdischen, eine Enklave der Transzendenz in der profanen Welt. Und die Stadt war das sinnige Synonym für diese Welt – nicht das Land, nicht das Dorf. Insoweit der Mensch in dieser Welt, irgendwo zwischen Himmel und Hölle, lebt und leben muss, wird ihm die Stadt zur angemessenen Existenzform und zum Bild und Abbild seiner Weltlichkeit. Und die Gründung einer Stadt ist deshalb der Inbegriff dessen, was der Ritter für das Leben der Menschen in dieser Welt tun kann. Eine Stadt aber – und dies zeigt eine eigentümliche Ambivalenz – wird Andreas Baumkircher auch zum Verhängnis. Gegen die Zusicherung freien Geleits begibt er sich zu Verhandlungen mit Friedrich III. nach Graz, wird hintergangen, gefangen genommen und am 23. April 1471 vor den Toren der Stadt öffentlich hingerichtet. Sein Kloster konnte der Heerführer deshalb nicht mehr bauen, für das Himmelreich blieben in dieser Welt und ihren Städten kein Platz und keine Zeit mehr.

Diese kleine Anekdote aus dem späten Mittelalter unterstreicht, dass die Bedeutung, die Urbanität in der Gegenwart hat und in der nahen Zukunft haben wird, auch aus einem Denken resultiert, das tief in die europäische Vergangenheit reicht und eben in der Stadt den Inbegriff von Welthaltigkeit sah. Alles, was menschliches Leben und Zusammenleben im Guten wie im Schlechten ausmacht, scheint in der Stadt seinen intensivsten Ausdruck zu finden. Die Stadt ist der Ort der Hoffnungen und der Ängste, der Sehnsüchte und der Begierden, Stadtluft macht frei, hieß es im Mittelalter, Stadtluft macht krank, heißt es unter den Smogglocken moderner Großstädte, die Stadt wird als Ort der Individualität, der Kreativität und der unbegrenzten Möglichkeiten gesehen, aber auch – vor allem die Großstadt – als unersättlicher Moloch, eine Maschine, die Menschen ansaugt, aussaugt und wieder ausspeit, eine Stadt ist immer in Bewegung, kommt nie zur Ruhe, die Rhythmen der Verkehrsströme und der industriellen Arbeit, die künstlichen

Beleuchtungen haben den natürlichen Wechsel von Tag und Nacht, von Aktivität und Ruhe längst abgelöst. Eine Stadt verheißt den Schutz und die Freiheit der Anonymität und droht mit der Gleichgültigkeit von Menschen, die beziehungslos nebeneinander, aber nicht miteinander leben können.

Eine Stadt ist aber immer mehr als eine Agglomeration von Wohnbauten; eine Stadt ist mehr als eine Ansammlung von Menschen; eine Stadt ist mehr als ein Geflecht von Straßen; eine Stadt ist mehr als eine Anhäufung von Geschäften; eine Stadt ist mehr als eine nicht abreißbare Kette von Verkehrsströmen, die sich immer wieder zu Staus verdichten. Eine Stadt ist eine spezifische Form der Organisation menschlichen Lebens und Zusammenlebens, und trotz aller Wandlungen, die europäische Städte in den letzten zweieinhalb Jahrtausenden in ihrer Gestalt und ihrer Funktion, in ihren Rhythmen und in ihrer Identität erfahren haben, hielt sich etwas durch, das man den Geist der europäischen Urbanität nennen könnte. Und ob die Städte der Zukunft noch lebenswert sein werden, hängt auch davon ab, was sich von diesem Geist behaupten und immer wieder neu gewinnen lässt.

Urbanität meinte nie nur ein verdichtetes Siedlungsgebiet, sondern stets eine spezifische Form von Kultiviertheit. Für die antike und mittelalterliche Rhetorik bezeichnete *urbanitas* einen bestimmten Schreib- und Sprachstil, der durch Eleganz, Subtilität, Witz, Einfallsreichtum gekennzeichnet war. Die Weltläufigkeit und Toleranz, die man bis heute gerne als urbanes Verhalten beschreibt, haben in dieser *urbanitas* eine ihrer Wurzeln. Nur in der Stadt lassen sich diese Eigenschaften und Tugenden ausbilden, nur in einer Stadt mit ihren vielfältigen Erfahrungs- und Begegnungsmöglichkeiten gibt es diese spezifische Form einer Kultiviertheit, die freilich bis zur blasierten Attitüde des Dandys, bis zur Arroganz des Snobs und zur überheblichen Selbstgefälligkeit der Yuppies und Bobos reicht. Die Stadt produziert auch Überlegenheitsgefühle, die mitunter alles andere als angebracht sind. Eine seit der Antike tradierte Pointe von Urbanität als einer spezifischen Kultur besteht übrigens darin, dass diese sich als Gegenbild und Gegenmodell zur ursprünglichen Kultur versteht, die eben, wie das Wort andeutet, Agrikultur, die Kultivierung des Landes, gewesen war. Urbanität, so könnte man sagen, ist die Kultivierung des Menschen ohne Grund und Boden. Das macht die Freiheit, aber auch die Gefährdung des städtischen Lebens aus.

Die europäische Stadt – und von einer anderen soll hier nicht die Rede sein – ist durch einige Charakteristika gekennzeichnet, die sich, wenn auch in unterschiedlicher Form und Intensität, generell feststellen lassen. An diesen lässt sich auch die zukünftige Entwicklung und Bedeutung der Städte messen und bewerten. Vorab ist die europäische Stadt durch ihre historische Tiefendimension gekennzeichnet: Ihre Wurzeln reichen weit zurück, in Südeuropa und im Gebiet des ehemaligen Imperium Romanum bis in die Antike, ansonsten zumindest bis ins Mittelalter, und auch dort, wo späte Neugründungen vorliegen, wie etwa im Falle von Sankt Petersburg, empfinden wir diese Anlage im besten Sinne als historisch. Was aber bedeutet diese Geschichtlichkeit für eine moderne europäische Stadt? Unmittelbar sind viele Städte durch die Schichten der Vergangenheit geprägt: An der Anlage, dem Stadtkern, den Bauten, manchen Straßenverläufen, lässt sich bis heute die wandelnde Geschichte einer Stadt ablesen, die gleichzeitig in ihrer Erscheinungsform verschiedene Epochen repräsentiert: antike Mauerreste, frühchristliche Gräber, mittelalterliche Stadttore, spätgotische Rathäuser, Arkadenhöfe aus der Renaissance, barocke Sakralbauten, klassizistische Stadtpalais, Bürgerhäuser und Mietskasernen der Gründerzeit, Jugendstilfassaden, Bauhausarchitektur, klassische Moderne und postmoderne Shop-

pingcenters: All das mag sich in einer durchschnittlichen europäischen Stadt finden, prägt ihre Atmosphäre und bestimmt
das Lebensgefühl ihrer Bewohner und Besucher. Städte in diesem Sinne sind Speicher des kollektiven Gedächtnisses, Er-
innerungsorte im Wortsinn, die nicht nur an Vergangenes
gemahnen, sondern auch – insofern diese Zeugen der Vergangenheit noch funktionsfähig und Teil des aktuellen Stadtlebens
sind – augenfällig demonstrieren, wie Vergangenes weiterleben
kann. Keine Stadt also ohne Stadtgeschichte, nur in der Stadt –
ganz anders wie am Land, wo die Zeugen der Vergangenheit
isoliert in der Landschaft stehen: Ruinen, Burgen, Schlösser,
alte Gehöfte – fügen sich die Schichten der Geschichte zu einem lebenden Ensemble, zu einer Einheit, an der immer wei-
tergebaut wird. Sich dessen bewusst zu sein, und in der Stadt,
in der man lebt, auch diese Dimension geronnener europäischer Erfahrungen wahrnehmen zu können, ohne der Gefahr
der Musealisierung zu erliegen, muss eine wesentliche Aufgabe
einer Stadtpolitik sein, die sich der Bedeutung der Städte als le-
bendes Gedächtnis bewusst sein will.

Die europäische Stadt, und das hat natürlich auch mit ihrer
Entstehungsgeschichte zu tun, definiert sich durch die Differenz zu ihrem Umfeld: dem Land. Städte haben Grenzen, weniger scharf formuliert: Ränder. Nur dort, wo man auch am
Stadtrand leben kann, handelt es sich im strengen Sinn um
Städte. Das hat viel mit der ursprünglichen politischen Verfassheit von Städten zu tun, ihren Sonderrechten, ihren Privi-
legien, ihren autonomen Verwaltungs- und Regierungsformen,
nicht zuletzt auch mit ihrer ökonomischen Verfassheit: In den
Städten wird gehämmert und gehobelt, gehandelt und ge-
feilscht, neben der Kirche ist der Markt ihr eigentliches und
erstes Zentrum, die Stadt ist der Ort des Handwerks und der
kommunalen Bürokratien, die Lebensmittel aber werden außerhalb der Stadt produziert und müssen in diese transportiert

werden. All das verlangt ein klares Bewusstsein davon, wo eine Stadt beginnt und wo sie endet. Auch dort, wo der militärische Nutzen von Stadtmauern nicht mehr ersichtlich war, deuteten diese Mauern lange diese Grenzen an, stärker vielleicht noch die Stadttore, die eindeutig signalisierten: Nun befindet man sich innerhalb eines ganz bestimmten Rechtsraumes, einer spezifischen Struktur des Lebens, in der andere Gesetze und Sitten gelten als am Land.

Man darf in diesem Zusammenhang nicht vergessen, dass ein wesentlicher Teil unserer politischen demokratischen Kultur auf diesen autonomen, abgegrenzten Rechtsraum der Städte zurückzuführen ist. Die Demokratie ist eine Erfindung der Polis, der antiken griechischen Stadt, die sich als politische Einheit verstand. Die Idee und der Begriff der Politik selbst gehen auf diese Deutung der Stadt zurück, ebenso der Bürger, der unabhängige Gerichtshof, die Versammlung als politisches Gremium, auch die Idee, dass Städte als Subjekt und Objekt politischen Handelns in ihrer Entwicklung nicht dem Zufall überlassen werden dürfen, sondern dass die Bürger einer Stadt auch über deren Gestalt und die Regeln, die in ihr gelten, bestimmen sollen. Es ist nicht die territoriale Flächenherrschaft, die vielleicht älter ist als die Stadt, es ist auch nicht das Netz persönlicher Abhängigkeiten, das die feudalen Herrschaftsformen bis an die Schwelle zur Moderne kennzeichnete, es ist die selbstbewusste Stadt, die zum Modell für moderne politische Strukturen wurde. Gerade wer am neuen Europa mitbauen will, darf diese Dimension der europäischen Stadt nicht vergessen. Politische Entscheidungen, aber auch politische Konflikte finden in den Städten statt. Wie es mit Griechenland weitergeht, entscheidet sich auch im Zeitalter der virtuellen Kommunikation und der globalisierten digitalen Datenströme in den Straßen von Athen, nicht in den idyllischen kretischen Dörfern.

Keine Frage, dass diese für die politische Konzeption der Stadt so wichtige Grenze zwischen Innen und Außen durch die Entwicklungen seit dem 19. Jahrhundert nicht nur immer weiter verschoben, sondern überhaupt immer mehr an Konturen verloren hat. Viele Städte sind in den vergangenen 150 Jahren rasant gewachsen, haben alle vorhandenen Grenzen gesprengt, sind – wo immer es ging – weit ins Umland vorgedrungen, haben dieses eingemeindet, und aus ehemaligen Dörfern vor den Städten wurden neue Stadtteile und Bezirke. Noch entscheidender aber ist eine Entwicklung, die in manchen europäischen Regionen mehrere Städte zu riesigen Siedlungskonglomeraten zusammenwachsen lässt, ein Prozess der Verstädterung ganzer Landschaften, der doch, neben aller Logik, die diesem Prozess innewohnt, eine Reihe von Problemen aufwirft. Neben dem eher atmosphärischen Problem, dass man nicht mehr weiß, wann man die eine Stadt verlässt und die andere betritt, neben Fragen der Koordination kommunalpolitischer Aufgaben zwischen zusammenwachsenden Städten entstehen dadurch Siedlungsräume neuen Typs, die zwar aus historisch gewachsenen und definierten Städten entstehen, selbst aber ganz neue Strukturen entwickeln. Urbanisierung meint in diesem Sinn die Ausdehnung städtischer Lebensformen über große Regionen, ohne dass städtisch-kulturelle Binnendifferenzierungen sichtbar würden: Urbanisierung ohne Urbanität. Anstelle einer gegliederten Stadtlandschaft wird die Landschaft zur Stadt, geprägt von Straßen, Siedlungen, Tankstellen, Shops und Gewerbebetrieben. Möglich, dass wir deshalb auch den Stadtcharakter an Orten stärker wahrnehmen, wo solche Prozesse der Entgrenzung aufgrund natürlicher Bedingungen schwer oder kaum möglich sind und deshalb der Signalcharakter von Konturen erhalten geblieben ist. Wann man in Venedig ist, weiß man. Wann aber hat man Essen verlassen und ist schon in Gelsenkirchen?

Die Frage, wie man weiß, dass man in einer Stadt angekommen ist, ist deshalb für die Idee der Stadt ganz wesentlich. In der Literatur noch des späten 18. Jahrhunderts kann man solche Erfahrungen geschildert finden: was es heißt, als Wanderer, Reiter oder Benutzer einer Postkutsche in eine Stadt zu kommen. Noch in dieser Zeit ist die Grenze zwischen Stadt und Land auch eine Grenze zwischen Wildnis und Zivilisation, und die Stadttore waren das sichtbare, wenn auch nur noch symbolische Zeichen für diese Grenze. Mit der Industrialisierung änderte sich das Entree der Städte. Als Verkehrsknotenpunkte, die sie immer gewesen waren, öffnen sich die Städte rasant den neuen technischen Möglichkeiten, in erster Linie der Eisenbahn. Bahnlinien und vor allem Bahnhöfe prägten nun nicht nur die Stadtentwicklung, sondern definierten, was es heißt, in einer Stadt angekommen zu sein. Die Bahnhöfe wurden im 19. Jahrhundert als Kathedralen der Moderne geplant und gebaut, Orte, in denen das Ankommen und Abfahren alles beherrschte, und große Städte hatten wie selbstverständlich die heute ungeliebten und deshalb umgebauten Kopfbahnhöfe. Mit der Stadt hatte man sein Ziel erreicht, wohin sollte es weitergehen?

Der Bahnhof hatte so zwei deutliche Funktionen: Die Innenseite zeigte die Bahnsteige, die Schienen, die in die und aus der Stadt führen, die Fassade signalisierte schon von weitem dem sich Nähernden, dass er die neue imaginäre Grenze der Stadt, die mitten in dieser lag, erreicht hatte. Wer den Bahnhof aber durch den Hauptausgang verließ, dem öffnete sich die Stadt in all ihrer Ambivalenz. Bahnhofsstraßen waren immer auch Straßen der Sehnsüchte und der Verheißungen, der Gefahren und der Laster gewesen, Knotenpunkte der Hoffnung für manchen Ankommenden, Stätten der Verzweiflung für jene, die, ohne ihr Glück gefunden zu haben, die Stadt wieder verlassen müssen. Nebenbei: In modernen oder renovierten

Bahnhöfen sucht man in einem Gewirr von Geschäften und Restaurants oft vergeblich nach den Gleisanlagen, und ohne das Logo einer Eisenbahngesellschaft ist solch ein Gebäudekomplex von einem beliebigen Einkaufszentrum nicht mehr zu unterscheiden. Aber immerhin: Wer in einem solchen Einkaufszentrum die Aufschrift »Hauptbahnhof« entdeckt, weiß, er ist in einer Stadt angekommen. Das Bewusstsein des Ankommens und Verlassens, des Kommens und Gehens ist der zeitgenössischen Bahnhofsarchitektur allerdings über weite Strecken abhandengekommen.

Die modernen Verkehrsmittel – Automobil und Flugzeug – lassen die Frage nach dem Übergang zwischen Stadt und Nichtstadt noch einmal in einem anderen Licht erscheinen. Für das Automobil indiziert in der Regel eine allmähliche Verknappung der Fahrbahnen diesen Übergang: von der Autobahn auf die Stadtautobahn, dann auf mehrspurige, zweispurige, einspurige Straßen. Anstelle der alten Stadttore signalisieren nun Park-and-ride-Plätze, dass man den Stadtrand erreicht hat und nun besser mit einem städtischen Verkehrsmittel weiterfahren sollte. In eine Stadt kommen heißt umsteigen. Das gilt auch für das Flugzeug. Mit wenigen Ausnahmen – der geschlossene Flughafen Berlin-Tempelhof zählte dazu – landet man nicht in, sondern außerhalb einer Stadt. Im Gegensatz zu Bahnhöfen, die einstens das Bild einer Stadt im Wortsinn prägen konnten, haben Flughäfen kein urbanes Ambiente. Sie sehen zunehmend auch überall gleich aus, sind exterritoriale Orte, an denen der Transfer von Menschen und Gütern organisiert wird. Die Stadt beginnt erst mit der Suche nach einem städtischen Verkehrsmittel, das den Reisenden vom Flughafen ins Zentrum bringt. Existiert eine U-Bahn – was praktisch ist und schnellen Transport garantiert –, ist man in der Stadt, ohne je gesehen zu haben, wo diese hätte beginnen können. Das Bild der Städte ist heute in einem vielleicht höheren Maße als angenommen von diesem übergangslosen Wechsel von einem gesichtslosen Flughafen in ein vielleicht sogar historisches Stadtzentrum geprägt.

Was aber, wenn man endlich in der Stadt angekommen ist? Dann stellt sich, heute mehr denn je, die Frage, wie kommt man weiter? Städte sind heute ab einer gewissen Größenordnung untrennbar verbunden mit der Frage nach der Organisation des Verkehrs. Wirklich befriedigend ist diese Frage kaum wo beantwortet worden. Die Vision der autogerechten Stadt, wie sie in der zweiten Hälfte des vorigen Jahrhunderts entwickelt und zum Teil umgesetzt wurde, war wahrscheinlich einer der folgenschwersten Fehler moderner Stadtplanung, an dem wir noch für einige Zeit laborieren werden. Umgekehrt ist die Utopie der autolosen Stadt so lange illusionär, solange es Automobile geben wird, unabhängig von der Technologie, die diese zum Fahren bringt. Natürlich spiegelt eine Stadt in verdichteter und konzentrierter Form auch die technischen Möglichkeiten von Mobilität wider, aber diese dürfen nicht den Sinn und die Funktion einer Stadt konterkarieren. Zu dieser gehört nur zu einem Teil die Mobilität ihrer Bewohner, die in erster Linie ja Bewohner und nicht Befahrer einer Stadt sind. Den tatsächlichen Mischungsverhältnissen urbaner Tätigkeiten und Bewegungen – Wohnen, Schlafen, Arbeiten, Gehen, Fahren mit Autos, aber auch mit Rädern, Spielen, Spazieren, Flanieren, Einkaufen, Essen – sollte auch eine gemischte Infrastruktur entsprechen, die nicht eine dieser Tätigkeiten – das Autofahren – zuungunsten aller anderen privilegiert.

Das Ankommen in einer Stadt korrespondiert mit dem Verlassen einer Stadt. Die Stadt und das Leben in ihr produzieren immer auch Sehnsuchtsbilder der anderen Art: das Leben im Grünen. Das Zweithaus mit all seinen verkehrspolitischen und ökologischen Folgen symbolisiert vielleicht am besten diese Logik des Verlassens: am Wochenende nichts wie raus aus der

Stadt! Die romantischen Vorstellungen, die wir uns seit dem 18. Jahrhundert von ländlichen Regionen machen – von den Alpen, von Wäldern und Wiesen, von Seen und Fischerdörfern an Meeresufern –, sind von Stadtbewohnern produziert worden, die dem Lärm und Gestank, der Enge und der Hektik, der Anonymität und der Kälte moderner Großstädte entfliehen wollten. Die Stadt produziert also auch unsere Vorstellungen von den Möglichkeiten eines Lebens in einer Natur, die als Antidoton zum Gift der Urbanisierung gedacht war. Es sind die Urlaubsträume der Städter, die sich in den Anpreisungen idyllischer Landschaften in den Urlaubskatalogen widerspiegeln. Die Entdeckung der Natur als Raum der Erholung, der Ruhe und Besinnung, aber auch des Abenteuers und des Erlebnisses gehört zur Geschichte der Urbanisierung.

Die gewachsene europäische Stadt ist allerdings noch durch eine weitere Grenze charakterisiert: der zwischen Zentrum und Peripherie. Diese gleicht einer Binnengrenze, die mitunter völlig unterschiedliche Formen urbanen Lebens voneinander scheidet. Historisch gewachsene Städte haben definierte Zentren, oft entstanden aus den mittelalterlichen Stadtkernen, mit zentralen Plätzen, Märkten und den Repräsentationsbauten der verschiedenen Epochen: politische Verwaltungsgebäude, religiöse Bauten, Theater, Schulen und Banken. Zu einem entfalteten urbanen Lebensgefühl gehört dieser Wechsel zwischen dem Zentrum, um dieses Zentrum arrangierten inneren Bezirke und den äußeren Bezirken einer Stadt. Die Geschichte des 20. Jahrhunderts hat an einigen geteilten Städten gezeigt, was es heißt, solche Zentren außer Kraft zu setzen. Auch wenn man zwischen 1945 und 1989 den Kurfürstendamm in Westberlin zu einem Quasizentrum der geteilten Stadt aufwerten konnte, war klar: Das Zentrum Berlins ist anderswo. Seit dem Fall der Mauer ist Berlin-Mitte – auch mit großem finanziellem Aufwand – wieder zum Zentrum dieser deutschen Metropole geworden, der Kurfürstendamm wirkt mittlerweile allerdings seltsam verödet.

Der Fall Berlin und der Fall der Berliner Mauer verweisen allerdings auch noch auf eine andere Dimension der Stadt, diese nun verstanden als Ausdruck politischer Herrschafts- und Deutungsansprüche. Die Städte im Osten Europas, von denen viele aus westeuropäischer Perspektive ohnehin immer an der Peripherie des Kontinents lagen, erlebten in den letzten Jahrzehnten einen rasanten Wandel, der nicht nur das Angesicht dieser Städte, sondern auch die Frage, was Stadt bedeuten kann, radikal verändert. Der Sozialismus stalinistischer Prägung hatte die Städte als Zentren der bürokratischen Herrschaft definiert, mit den entsprechenden Gestaltungen des Raumes und den damit verbundenen Herrschaftsarchitekturen. Der Zweite Weltkrieg und die Zerstörungspolitik der deutschen Truppen hinterließen im Osten riesige Stadtruinen, deren Wiederaufbau mitunter anderen Prinzipien folgte als in den bombardierten Städten des Westens: Historische Zentren und deren symbolisch hochkonnotierte Bauten – Bürgerhäuser, Kirchen, Stadtschlösser, alte Stadtviertel, Theater, Boulevards – wurden, sofern nicht ohnehin zerstört, oft dem Verfall preisgegeben, allenthalben durch eine protzige Architektur der sozialistischen Macht konterkariert. An der Peripherie und in bewusstem Gegensatz zu den leeren Zentren entstanden sogenannte moderne urbane Räume, Industrieanlagen, Wohn- und Verwaltungskonglomerate, Plattenbausiedlungen, die die alte Stadt höhnisch konterkarierten und doch durch deren Namen nobilitiert waren. An die Stelle der Differenz von Zentrum und Peripherie traten Doppelstädte eigenen Typs, die weder das eine noch das andere sein konnten. Der rasante Aufschwung, den die osteuropäischen Städte seit 1989 erleben, kann nicht nur als eine, vielleicht erstmalige Inbesitznahme der Städte durch ihre Bürger beschrieben werden, sondern auch als

Wiedergewinnung der alten Zentren. Deren Revitalisierung lässt den Touristen erstaunen und mitunter die verblüffende Erfahrung machen, dass, gerade weil seit Jahrzehnten nichts geschah, nun Dinge sichtbar und möglich werden, die überall sonst schon verschwunden sind.

Die Differenz von Zentrum und Peripherie berührt dabei ganz wesentlich jenen Aspekt, den wir bis heute mit dem Begriff der Urbanität, sofern wir diesen positiv besetzen, verbinden: Kultur. Natürlich, die Kultur ist keine Erfindung der Stadt, und der Anteil der Kirche, der Klöster, der Fürstenhöfe an der Entwicklung der europäischen Kultur ist höchst bedeutsam. Aber Kultur in einem modernen Sinne, als Ausdruck ästhetischer Autonomiebestrebungen, als Repräsentation bürgerlichen Selbstbewusstseins, als Manifestation kritischer Stellungnahmen, als Kommunikations- und Lebensstil lebt von den Verdichtungsmöglichkeiten, die sich in gewisser Weise nur in Stadtzentren ergeben. Als prägendes Element einer Stadt ist Kultur tatsächlich ein relativ spätes Phänomen, vieles, was das kulturelle Leben und die Architektur von Stadtzentren bis heute prägt – Museen, Theater, Konzertsäle, Opernhäuser, Galerien, Bibliotheken, Schulen, Universitäten –, stammt aus dem 19. Jahrhundert und ist auch Dokument der Ablösung des aristokratischen Lebensstils durch die städtische Welt des Bürgers. Und bis heute ist man geneigt zu sagen, dass eine Stadt ohne diese Einrichtungen, also ohne Theater, ohne Bibliothek, ohne Konzerthaus, ohne Bildungsstätten, eigentlich keine Stadt ist. Ob multifunktionale Neubauten, die viele dieser Aspekte in sich vereinen sollen, ein guter oder ausreichender Ersatz für das Fehlen dieser Institutionen beziehungsweise ihrer architektonischen Realisationen sein können, bleibe einmal dahingestellt. Zum unverwechselbaren Bild einer gewachsenen Stadt gehört aber eine Infrastruktur, die eben nicht darin besteht, dass die immergleichen Geschäfte und Buden der immergleichen Konzerne die immergleichen Fußgängerzonen und Shoppingmalls bevölkern, sondern dass auch in diesen Bereichen – Restaurants, Geschäfte, Boutiquen, Schaufenster, Kaffeehäuser – traditionelle und unverwechselbare Einrichtungen mit den unvermeidlichen Konsequenzen der Globalisierung eine vielleicht spannungsreiche, aber doch Synthese eingehen können. Fasst man Kultur nicht nur als bürgerliche Repräsentationskunst auf, sondern als jenes Feld, in dem sich überlieferte und moderne Lebensformen, Tradition und Innovation, Kreativität und Reproduktion, Erinnerung und Antizipation, ästhetisches Vergnügen und die Lust am Neuen gegenseitig bedingen und befruchten, und betrachtet man dies als einen zentralen Aspekt von Urbanität, dann wird auch klar, dass Kommunalpolitik eben nicht nur Wirtschafts- und Sozialpolitik, nicht nur Verkehrs- und Gesundheitspolitik, sondern in einem umfassenden Sinn immer auch Bildungs- und Kulturpolitik sein muss.

Die Stadt hat aber, wie keine andere Lebensform, im wörtlichen und übertragenen Sinn eine Kehrseite. Mitte des 19. Jahrhunderts, als die ersten Metropolen wie Paris und London, wenig später dann Berlin und Wien in Europa entstanden, stellte sich der Philosoph Karl Rosenkranz in seiner heute leider vergessenen *Ästhetik des Häßlichen* die interessante Frage, was wohl wäre, könnte man eine Stadt wie Paris einmal umkehren, sodass das Unterste zuoberst käme. Nicht bloß die »Jauche der Kloaken«, sondern auch die lichtscheuen Tiere, die Mäuse, Ratten, Kröten und Würmer, die alle von Abfall und Verwesung leben, würden zum Vorschein gebracht werden, und all dies würde ein höchst ekelhaftes Bild ergeben.[94]

Jede Stadt hat ihre Geheimnisse, ihre Unterwelt, ihre Keller und Katakomben, ihre dunklen Kanäle und geheimen Gänge, und niemand weiß, was dort wirklich geschieht. Seit Carol Reeds Filmklassiker *Der dritte Mann*, zu dem Graham Greene das Drehbuch verfasste und in dem Orson Welles die Hauptrolle spielte, gehört das Absteigen in urbane Unterwelten zum ständig wiederkehrenden Motiv urbaner Geschichten. Urbild dieses Sujets war der Roman *Die Geheimnisse von Paris* des französischen Schriftsteller Eugène Sue aus dem Jahre 1843, in dem zum ersten Mal diese Kehrseite der Stadt – Massenarmut, Kriminalität, Alkoholismus, Prostitution, Krankheit, Hunger, Elend, Brutalität, Grausamkeit – anschaulich geschildert wurde. Es war seit diesem Jahrhundert auch ein Ziel kommunaler Sozialpolitik gewesen, diese negativen Seiten von Urbanität abzufedern; angesichts der sozialen Spannungen, die in naher Zukunft zu erwarten sind, könnte diese Kehrseite der Stadt wieder stärker ins allgemeine Bewusstsein und in die allgemeine Wahrnehmung rücken, als uns lieb sein kann. Die Stadt kennt also auch eine Binnengrenze, die die humanen und zivilisatorischen Aspekte der Urbanisierung von deren Kehrseite, der Verelendung, trennt.

Städte sind, von alters her, immer auch die Orte gewesen, an denen es einerseits möglich wurde, dass viele Menschen zusammenleben, was andererseits aber auch eine Binnendifferenzierung in unterschiedlicher Weise und in mitunter prekärer Intensität erlaubte, ja vielleicht notwendig machte. Städte sind die Orte, an denen Verschiedenstes eine Einheit bilden kann. Städte faszinierten seit jeher dadurch, dass sie vieles, was ansonsten nur als Vereinzeltes und Isoliertes oder in einer homogenen Form erschien, zur gleichen Zeit am selben Ort vereinen konnten. Die unterschiedlichen sozialen Schichten finden sich ebenso in einer Stadt wie die Angehörigen verschiedener Religionen, Ethnien, Sprachgemeinschaften, Berufsgruppen oder Lebensstile. Städte sind so immer auch soziale höchst differenzierte und komplexe Arrangements von Menschen höchst unterschiedlicher Prägung. Das provozierte immer die Frage, wie diese Unterschiede im alltäglichen Leben einigermaßen konfliktfrei arrangiert werden können. Es gehört zur Logik einer Stadt, dass man dieses Problem durch topografische Ausdifferenzierung und damit durch mitunter gar nicht so imaginäre Grenzziehungen zu lösen versucht: Die Angehörigen einer wie immer definierten Gruppe konzentrieren sich in bestimmten Teilen einer Stadt, manchmal nur in einer Straße oder einigen Straßenzügen, manchmal dominieren sie ganze Stadtviertel. Vieles an den Bezeichnungen von Straßen und Vierteln erinnert noch an diese frühen Aufteilungen. Straßen, die nach bestimmten Handwerken oder Industrien benannt wurden, gehören ebenso dazu wie Stadtteile, die an religiöse oder ethnische Minderheiten erinnern. Aber auch die sozialen Hierarchien, die sich in Villenvierteln auf der einen Seite und Armenvierteln auf der anderen ausdrücken, gehören dazu, ebenso wie funktionale Trennungen nach Geschäftsvierteln, Bankenvierteln, Industriegebieten, Parks oder Naherholungsgebieten.

Hinter diesem Konzept der topografischen Ausdifferenzierung steht der Gedanke, dass sich Differenzen am besten leben lassen, wenn man sie in einem Nebeneinander belässt, nicht in ein Miteinander oder gar Durcheinander drängt. Ungebrochen gilt diese Konzeption natürlich nicht. Was in manchen funktionalen Bereichen durchaus plausibel erscheint – wir sind froh, dass Industrieanlagen nicht quer über Wohnbezirke verteilt werden –, wird in anderen durchaus problematisch: Die Aufteilung in reine Bürobezirke, die nachts ausgestorben sind, und Schlafstädte, in denen sich am Tag kaum etwas rührt, kann ebenso unbehaglich empfunden werden wie die Trennung zwischen Wohnbereichen und davon beträchtlich entfernten Shopping-Citys, die eines der ursprünglichsten Merkmale von Stadtzentren, den Markt, an die Peripherie oder jenseits davon verlagern. Der Einkaufslust, die man in dezentralisierten Shoppingmalls empfinden kann, korrespondieren – neben den Verkehrsproblemen – deshalb auch die Innenstädte, die man wegen mangelnder Einkaufsmöglichkeiten als verödet und ausgestorben empfinden muss.

Noch problematischer wird die Möglichkeit topografischer Differenzierung im Bereich des Zusammenlebens von Menschen unterschiedlicher Ethnizität, Religion oder Herkunft, auch wenn gerade in Zeiten großen Migrationsdrucks solche Entwicklungen bis zu einem gewissen Grad unvermeidlich scheinen und mancherorts auch dann noch stilisiert werden, wenn dieser Druck längst einer gelungenen Integration gewichen ist – man denke nur an *Chinatown* oder *Little Italy* in New York. Die Balance zu halten zwischen einem Nebeneinander, das nicht in die Formierung von sozial abgeschnittenen Parallelgesellschaften führt, die tatsächlich ein eigenes Universum in einer Stadt bilden, und einem Miteinander, das nicht pausenlos Reibungsflächen und Anlässe für Konflikte bildet, gehört zweifellos zu den größten Herausforderungen der Stadtpolitik in der Gegenwart und in der Zukunft. Angesichts zu erwartender politischer, ökonomischer und ökologischer Krisen wird der Migrationsdruck auf Europa weiter zunehmen, und die Städte – darüber soll man sich keine Illusionen machen – werden wie bisher die ersten Adressaten für diese Bewegungen und damit auch die Brennpunkte damit einhergehender potenzieller Konflikte sein.

Neben den topografischen Differenzierungen unter dem Gesichtspunkt der Herkunftskulturen der Migranten gehört die soziale Differenzierung zu den großen Herausforderungen jeder Stadt. In den Städten kommt alles zusammen und muss sich doch voneinander scheiden, auch Arm und Reich. Traditionelle Wohnformen in eng umgrenzten innerstädtischen Arealen – die bürgerlichen Wohnbezirke und die Arbeiterviertel – werden hier ergänzt und zum Teil abgelöst von neuen Zuschreibungen als Resultat dynamisierter sozialer Prozesse: Ganze Stadtteile können durch Verarmung abgewertet wer-

den, andere, die als angesagte Wohngegend von einer kauf-
kräftigen, meist jüngeren Klientel entdeckt werden, können
rasante Aufstiege erleben. Die Immobilienpreise und Investi-
tionsvorhaben sind meist der relevante Indikator für solche
Entwicklungen. Solange es soziale Differenzen geben wird –
und sie werden in naher Zukunft zunehmen –, wird die Stadt
auch der Ort sein, wo diese in aller Schärfe sichtbar sein werden. Solange es eine kommunale Politik gibt, die die Macht
und die ökonomischen Ressourcen hat, in solche Prozesse kor-
rigierend, mitunter vielleicht sogar gestaltend einzugreifen –
durch Stadtteilsanierungen, Durchmischungsprojekte, Schaffung von Verkehrsanbindungen, Maßnahmen zur Verbesserung der Sicherheit und zur Hebung des Bildungsniveaus,
Maßnahmen zur Stärkung des Bewusstseins, bei aller Differenz
Bewohner einer Polis zu sein –, können solche Differenzen
auch einen durchaus dynamisierenden Charakter haben. Man
zog immer schon in die Stadt, um dort sein Glück zu versuchen, an einen Ort, der gerade aufgrund seiner Heterogenität
mehr Chancen bietet als jede andere Form des Zusammenlebens. Dort aber, wo die divergierenden sozialen Kräfte nicht
mehr kontrolliert werden können, die legalen und illegalen
Märkte ihre eigene Dynamik ungebremst entfalten, kein Aus-
gleich mehr versucht werden kann, zerfallen die Städte unerbittlich nicht nur in Gebiete mit unterschiedlichem sozialen
und kulturellen Gepräge, sondern in geschlossene, voneinander abgeschottete Welten. Den *No-go-Areas* einer kriminalisier-
ten und pauperisierten Unterschicht, in die sich nicht einmal
mehr die Polizei hineinwagt, stehen dann durch Kontrollen,
privates Sicherheitspersonal und Mauern geschützte Wohn-
areale der Superreichen gegenüber, Lebenswelten, die unterschiedlicher nicht sein könnten und miteinander nichts mehr
zu tun haben, auch wenn sie sich nominell in einer Stadt be-
finden.

Die Stadt im Sinne eines zusammenhängenden Siedlungsgebietes mit hohem Verkehrsaufkommen, regional differenzierten Arbeits-, Konsum- und Freizeitmöglichkeiten und starker sozialer und kultureller Differenzierung hat zweifellos Zukunft – vielleicht sogar zu viel Zukunft. Denn diese Form der Verstädterung bewirkt und verstärkt auch das, was der deutsche Soziologe und Psychoanalytiker Alexander Mitscherlich schon in den sechziger Jahren die »Unwirtlichkeit unserer Städte« genannt hatte. Eine Stadt, sofern man sie als gegliederte, politische Einheit sieht, muss auch Möglichkeiten haben, ihre Bürger an dieser Einheit sozial, politisch und kulturell teilhaben zu lassen. Eine Stadt ist deshalb immer auch mehr als ein Raum zum Angebot und zum Konsum von Dienstleistungen. Traditionelle kommunale Aufgaben wie Wasser- und Energieversorgung, Müllabfuhr und Straßenreinigung, aber auch soziale und kulturelle Einrichtungen wie Kindergärten und Schwimmbäder, Gesundheitszentren und Sozialbauten, Büchereien und Sportplätze können deshalb nie nur unter dem Aspekt der ökonomischen Effizienz gesehen werden. Die Bindung und Einbindung der Bürger in eine Stadt, das Bewusstsein, Teil einer Stadt als eines politischen und gesellschaftlichen Gefüges zu sein und sich deshalb auch in Maßen für diese Stadt verantwortlich zu fühlen, hängt von ebenjenen städtischen Institutionen, ihren Angeboten, Leistungen und identitätsstiftenden Effekten ab. Die unter dem Druck der neoliberalen Ideologie in den letzten Jahren vorgenommenen Privatisierungen und Auslagerungen kommunaler Aufgaben und Dienste mögen rein ökonomisch berechtigt sein – man muss sich aber auch im Klaren darüber sein, dass auf diesem Wege die Stadt als politisches Gebilde, als zentrale Einheit unseres Siedlungsverhaltens nachhaltig beschädigt wird. Natürlich werden wir in Zeiten der Krise alle sparen müssen, auch Kommunen müssen mit dem Geld der Steuerzahler sorgfältig umgehen, und niemand ist glücklich, wenn Städte hoffnungslos überschuldet sind; aber man muss den Städten auch jene Einnahmen zukommen lassen, die es ihnen erlauben, jene Rahmenbedingungen bereitzustellen, die das Leben in einer Stadt zu einer auch in Zukunft attraktiven und erstrebenswerten Option machen. Viel ist dafür mitunter gar nicht nötig – aber unter gewisse Mindeststandards sollte man keinesfalls zurückfallen. In einem berühmten Aphorismus aus dem Jahre 1909 – aus einer Zeit also, in der Wien rasant expandierte und etwa so viele Einwohner hatte wie heute – hatte Karl Kraus diese Standards prägnant formuliert: »Ich verlange von einer Stadt, in der ich leben soll: Asphalt, Straßenspülung, Haustorschlüssel, Luftheizung, Warmwasserleitung. Gemütlich bin ich selbst.«[95] Mit Blick auf das, was den Städten angesichts der herrschenden Krise womöglich droht, bleibt zu hoffen, dass wir uns wenigstens die Gemütlichkeit bewahren. Zu befürchten ist allerdings, dass diese Gemütlichkeit eben nicht ganz unabhängig ist davon, ob es einer Stadt und ihren Bürgern gelingt, sich auf die Idee der Urbanität als Modell eines zivilisierten Zusammenlebens auch in unruhigen Zeiten zu verpflichten.

Lärm

An der Grenze des Erträglichen

Unruhige Zeiten? Zumindest in den Städten könnte es dann wieder laut werden, wenn Demonstranten auf berittene Polizisten treffen, Sirenen heulen, Sprechchöre die Plätze beschallen und amtliche Lautsprecherdurchsagen alles zu übertönen trachten. Vor allem in den Städten und Ballungsräumen ist es jedoch manchmal auch in ruhigen Zeiten laut, mitunter sehr laut. Und nicht selten geht der Lärm bis an die Grenze des Erträglichen. Damit ist allerdings eine Form der Grenze markiert, die sich von allem unterscheidet, von dem bisher die Rede war. Denn jenseits des Erträglichen beginnt das, was nicht mehr auszuhalten ist: Es macht einen rasend. Es ist die Grenze zwischen mir und der Welt, die sich nicht zuletzt über den Schall, der mein Ohr erreicht, definiert. Aber Lärm ist nicht gleich Lärm, und kaum eine Grenze ist so von Kontexten, Befindlichkeiten und subjektiven Einstellungen gekennzeichnet wie die, die unsere akustische Umwelt in die Zonen des Angenehmen, Unangenehmen und Unerträglichen teilt. Damit aber kann der Umgang mit dem Lärm auch als Paradigma einer Grenzerfahrung aufgefasst werden, die für die technoide Moderne charakteristisch ist und die durch die Frage nach den Grenzwerten zulässiger Belastungen gekennzeichnet ist.

Während dem Zeitgeist entsprechend überall Grenzen verschwinden oder abgebaut werden sollen, tobt um jene oft imaginären Grenzen menschlicher Belastbarkeit ein heftiger Kampf: hinter und vor den Kulissen der damit konfrontierten Interessengemeinschaften und Lobbys. Wie viel Radioaktivität in der Umwelt, Chemie in den Lebensmitteln, Feinstaub in der Luft, Metall in den Meeren, Stress am Arbeitsplatz, Lärm in der Umgebung dem Menschen zuträglich ist, ist eine Frage, die durch die Festlegung von Grenzwerten bestimmt werden soll. Diese erfordern nicht nur immer genauere Messungen, sondern sind auch voll von normativen Implikaten. Wer entscheidet nach welchen Kriterien über das zuträgliche Maß an womöglich nur potenzieller oder im Ausnahmefall eintretender Gefährdung? Die heftigen Debatten darüber und das oft recht beliebig anmutende Hinauf- und Hinabsetzen von Grenzwerten zeugen nicht nur von der perennierenden Brisanz solcher Grenzbestimmungen, sondern demonstrieren eindringlich, dass auch hier die Grenze über begriffliche Entscheidungen die Lebenswelt strukturiert. Der Grenzwert entscheidet über das, was uns gerade noch zuträglich ist. Werden diese Grenzen überschritten, droht unserer physischen und psychischen Integrität höchste Gefahr. Auch hier gilt: Die Grenze soll schützen. Solange die Grenzwerte nicht überschritten sind – so die offizielle Verlautbarung nach jedem Austritt von Radioaktivität –, droht keine größere Gefahr für Leib und Leben der Betroffenen. Keine Grenze fordert von den ihr Überantworteten so viel Vertrauen, und keine ist mit so viel Misstrauen behaftet wie diese. Wer glaubt eigentlich noch an die Grenzwerte, die von den Konglomeraten aus Industrie, Bürokratie und Wissenschaft verkündet werden? Am Lärm, dieser einfachen und doch so eindringlichen Belästigung, lässt sich auch einiges über diese Form der Grenze erfahren.

Lärm muss es schon immer gegeben haben, und noch nie konnte man sich auf eine einfache Definition von Lärm einigen. Einfach zu messende Parameter wie Lautstärke oder Schalldruck geben darüber nur begrenzt Auskunft. Ob Geräusche welcher Art auch immer als Lärm empfunden werden, hängt in hohem Maße von der Situation und der subjektiven Befindlichkeit des Betroffenen ab. Und vor allem: Lärm ist immer auch eine Frage der Macht. Diese drückt sich auch in einer akustischen Hegemonie aus, denn nicht jeder darf lärmen. Nur die absolute Macht bedarf keiner akustischen Signale mehr, um sich bemerkbar zu machen. Eher im Gegenteil – sie ist anwesend in ihrer akustischen Abwesenheit:

> *Gott,*
> *welch Dunkel hier!*
> *O grauenvolle Stille!*
> *Öd ist es um mich her,*
> *nichts,*
> *nichts lebet außer mir,*
> *O schwere Prüfung!*[96]

Die Klage des gefangenen Freiheitskämpfers Florestan aus Ludwig van Beethovens einziger Oper, *Fidelio*, markiert diesen Sachverhalt. Grauenvoll ist die Stille, das Schweigen der Macht. Wo Leben ist, geht es nicht so lautlos zu. Der Mensch hat Ohren, um zu hören. Leben heißt, sich in einer akustischen Umwelt zu bewegen und zu orientieren, die voll von Geräuschen, Lauten, Signalen, sirenenhaften Verlockungen und drohendem Gebrüll ist. Diese Welt der Geräusche gehört zu den konstituierenden Merkmalen der Lebensverhältnisse überhaupt. Und auch die Macht, bevor sie absolut geworden ist, muss sich Gehör verschaffen. Es gilt aber auch der Umkehrsatz: Was sich Gehör verschafft, erlangt Macht. Und damit sind wir wieder beim Lärm.

Lärm kann als eine besondere Qualität im Universum der Geräusche definiert werden: Es sind jene akustischen Reize, die als unangenehm, störend, enervierend, schmerzhaft empfunden werden. Lärm ist das, was sich Gehör verschafft, obwohl es nicht gehört werden will. Lärm hat einerseits eine objektive Komponente – Lautstärken und Tonhöhen an der Schmerzgrenze, chaotische Lautfolgen –, andererseits aber auch eine stark subjektive Seite: das, was mich jetzt an meiner akustischen Umwelt stört. Die Schwelle, ab der etwas als Lärm, damit als störend, damit als aufdringlich, damit als penetrant und dominant erfahren wird, ist also in hohem Maße variabel. Ist man Philosoph, liegt die Lärmschwelle mitunter besonders niedrig. Dazu einige Überlegungen einer erst in Ansätzen vorliegenden Philosophie des Lärms.[97]

Die Denkenden fühlten sich offenbar durch den Lärm immer schon belästigt. So heißt es etwa bei Blaise Pascal: »Der Geist des größten Mannes in der Welt ist nicht so unabhängig, dass er nicht gestört werden könnte durch den geringsten Lärm in seiner Nähe. Um seine Gedanken zu hindern, dazu ist nicht das Knallen einer Kanone nöthig, sondern nur das Knallen einer Wetterfahne oder einer Winde.«[98] Pascal thematisiert hier den zentralen Zusammenhang von Lärm und Denken. Der Lärm stört nicht nur, er wirkt nicht nur subkutan, er behindert nicht nur verschiedene Tätigkeiten und den Schlaf, er verunmöglicht vor allem eines: Konzentration, Denken, Reflexion. Lärm ist in erster Linie geisttötend, und dies auch dann, wenn der Lärm einen guten Zweck verfolgt, wie das Beispiel des Philosophen Immanuel Kant zeigt. Kant war absolut lärmempfindlich; er stritt mit Nachbarn und wechselte die Wohnung, wenn er nicht die zum Denken notwendige vollkommene Stille vorfand. Das ließ ihn auch gegen so manche Lärmquelle ankämpfen. So merkte Kant in einer Fußnote zu seiner *Kritik der Urteilskraft* zur Frage, inwiefern Musik auch als störend empfunden werden kann, einmal an: »Diejenigen, welche zu den häuslichen Andachtsübungen auch das Singen geistlicher Lieder empfohlen haben, bedachten nicht, daß sie dem Publikum durch eine solche *lärmende* (eben dadurch gemeiniglich pharisäische) Andacht eine große Beschwerde auflegen, indem sie die Nachbarschaft entweder mit zu singen oder ihr Gedankengeschäft niederzulegen nötigen.«[99] Keine Frage, dass es

Kant in unserer lärmdurchfluteten Welt nicht gerade leicht gehabt hätte; überlegenswert aber, ob für eine anspruchsvolle Form des konzentrierten Denkens nicht in der Tat eine Stille die Voraussetzung ist, die wir kaum mehr vorfinden – was immer dies für die Qualität unseres Denkens auch bedeuten mag.

In einer kleinen Abhandlung *Über Lärm und Geräusch* definierte Arthur Schopenhauer den Lärm als die »impertinenteste aller Unterbrechungen«, und dies deshalb, da der Lärm »sogar unsere eigenen Gedanken unterbricht, ja, zerbricht«. Nur dort, so fährt der Philosoph hämisch fort, wo »nichts zu unterbrechen ist, da wird er freilich nicht sonderlich empfunden werden«.[100] Wer nicht denkt, der kann in seinem Denken auch nicht durch Lärm schmerzhaft unterbrochen werden. Je sensibler jemand ist und je konzentrierter er mit einer geistigen Arbeit beschäftigt ist, desto störender muss jeder diese Konzentration unterbrechende Lärm empfunden werden. Damit aber ist ein durchaus nicht nur amüsantes Verhältnis zwischen Lärm und Denken exponiert.

Natürlich, ein »mäßiges und stetiges Geräusch« kann jemanden quälen, ohne dass man sich dessen bewusst wird und ohne dass man die Lärmquelle als solche identifiziert. Solch eine konstante Geräuschkulisse, die zu den Alltagserfahrungen des modernen Menschen gehört – man denke an das Hintergrundrauschen stark befahrener Straßen –, mag die Gedanken beschweren »wie ein Block am Fuße«, dramatisch aber werden jene Geräusche, die plötzlich den Fluss der Gedanken unterbrechen. Schopenhauer wusste, wovon er sprach, denn der »unverantwortlichste und schändlichste Lärm« rührte vom »wahrhaft infernalischen Peitschenklatschen«, das zu seiner Zeit die Gassen Frankfurts durchhallt haben muss: »Dieser plötzliche, scharfe, hirnlähmende, alle Besinnung zerschneidende und gedankenmörderische Knall muß von Jedem, der nur irgend etwas, einem Gedanken Ähnliches im Kopfe herumträgt, schmerzlich empfunden werden: jeder solcher Knall muß daher Hunderte in ihrer geistigen Tätigkeit, so niedriger Gattung sie auch immer sein mag, stören: dem Denker aber fährt er durch seine Meditationen so schmerzlich und verderblich, wie das Richtschwert zwischen Kopf und Rumpf.«[101]

Schopenhauer, immerhin Begründer einer mitleidbasierten Tierethik, vergisst auch nicht darauf hinzuweisen, dass dieses laute Knallen mit der Peitsche, gedacht, um die Kutschpferde anzutreiben, aus sachlichen Gründen nicht nur unnötig, sondern auch unnütz ist, da sich die Fiakergäule auch mit wesentlich leiseren Mitteln steuern lassen. Ganz im Gegenteil, durch das laute Knallen, diesen unablässigen Missbrauch der Peitsche, würden die Pferde abgestumpft und müde. Nein, es geht hier um ein Phänomen, das auch nach Ende der Pferdekutsche das Geräuschpanorama nicht nur in Städten durchzieht: die Lust am Lärm. Schopenhauer verleiht seiner Kritik an den fröhlichen Peitschenknallern allerdings noch eine provokante sozialkritische Note: »Die Sache stellt demnach sich eben dar als reiner Mutwille, ja als ein frecher Hohn des mit den Armen arbeitenden Teiles der Gesellschaft gegen den mit dem Kopfe arbeitenden. Daß eine solche Infamie in Städten geduldet wird ist eine grobe Barbarei und eine Ungerechtigkeit.« Und Schopenhauer machte kein Hehl daraus, worauf er eigentlich hinauswollte: »Es kann nicht schaden, daß man die Proletarier auf die Kopfarbeit der über ihnen stehenden Klassen aufmerksam mache: denn sie haben vor aller Kopfarbeit eine unbändige Angst.« Und abgesehen davon, dass der misanthropische Philosoph empfahl, die Peitschenknaller mit dem Stock zu züchtigen, galt seine Klage dem Befund, dass unter dem Lärm in erster Linie der Geist zu leiden hat: »Soll denn, bei der so allgemeinen Zärtlichkeit für den Leib und alle seine Befriedigungen, der denkende Geist das Einzige sein, was nie die geringste Berücksichtigung, noch Schutz, geschweige Respekt erfährt?«

Abgesehen von der kulturhistorischen Einsicht, dass es in Städten auch vor Erfindung moderner Verkehrstechnologien laut zugegangen ist, thematisiert diese Erregung einen Zusammenhang, der aktuell auch dann selten beachtet wird, wenn gegen den Lärm angekämpft wird: Es geht um das Verhältnis von Lärm und Denken, darum, dass der Lärm in erster Linie eine Störung und Beeinträchtigung jener Konzentration bedeutet, die für das Denken unerlässlich ist. »Ich möchte wissen«, so Schopenhauer am Ende seines kurzen Traktates gegen den Lärm, »wie viele große und schöne Gedanken diese Peitschen schon aus der Welt geknallt haben.«

Für Schopenhauer lag deshalb die eigentliche Infamie des Lärms nicht auf einer psychischen, sondern auf einer sozialen Ebene: Lärm ist der Versuch der körperlich arbeitenden Klassen, das Leben der Kopfarbeiter zu erschweren. Der Lärm ist aus dieser Perspektive ein Herrschaftsanspruch von unten, und er ist es bis heute geblieben. Das macht den Kampf gegen den Lärm nicht einfacher, denn wer Ruhe und Stille sucht, kommt auch heute rasch in den Geruch eines elitären Anspruches, der sich zu gut ist, um die aufheulenden Mopeds Pubertierender, die grölenden Partys Adoleszendierender oder den Verkehrslärm der Werktätigen zu tolerieren. Friedrich Nietzsche, in jungen Jahren stark von Schopenhauer beeinflusst, brachte die Sache dann auf den Punkt: »Lärm mordet Gedanken.« Und Nietzsche wusste auch, wo das Verhängnis beginnt: »Wo die Einsamkeit aufhört, da beginnt der Markt; und wo der Markt beginnt, da beginnt auch der Lärm der großen Schauspieler und das Geschwirr der giftigen Fliegen.«[102]

Der Lärm stört das Denken – man könnte es auch umdrehen: Was beim Denken stört, und wäre es noch so marginal, ist Lärm. Das mutet seltsam an in einer Zeit, die vom Multitasking schwärmt und es für geradezu selbstverständlich hält, dass auch geistige Tätigkeiten von Musik, Geräuschen, Gesprächen und dem Knattern von Motoren begleitet werden. Wer sich durch diese akustische Reizüberflutung gestört fühlt, leidet an dem, was anderen entweder Freude macht oder eben notwendig ist. Wer sich von Lärm stören lässt, ist eigentlich selbst schuld daran. Dazu passt auch, dass es Lärmformen gibt, die aus – sagen wir einmal: pädagogischen Gründen – grundsätzlich nicht mehr als störend empfunden werden dürfen. Das Lärmen von Kindern, das wahrlich penetrant sein kann, darf jemanden, der sich konzentrieren will, nicht mehr stören, und die moderne Pädagogik, die es den Lehrern nicht mehr erlaubt, sich Ruhe zu verschaffen, definiert den Lärm in den Klassenzimmern, der jedes geistige Arbeiten unmöglich macht, als positiven Arbeitslärm und wundert sich, wenn die Aufmerksamkeits- und Konzentrationsspanne von Jugendlichen auf wenige Minuten gesunken ist. Diese Pädagogik hält es offenbar mit Søren Kierkegaard, ohne allerdings die Konsequenzen zu bedenken, die dieser für das Arbeiten bei solchen Lärmverhältnissen schon mitgedacht hatte. Der scharfsinnige Däne hatte es in der Tat verstanden, diese Sache auch von einer anderen Seite zu sehen. Natürlich gibt es »nervenschwache Menschen«, die durch das allerleiseste Geräusch gestört werden und nicht zu denken vermögen, wenn jemand – und wäre es noch so leise – durch das Zimmer geht. Allerdings gibt es auch noch eine andere Art von Nervenschwäche, Menschen, die so schwach sind, dass »sie tüchtigen Lärm und eine zerstreuende Umgebung nötig haben, um arbeiten zu können […] Wenn sie allein sind, entschwinden ihre Gedanken ins Unbestimmte, wenn dagegen Lärm und Krach um sie ist, dann zwingt dieser sie, ihm einen Willen entgegenzusetzen.«[103] Hier findet der Gedanke erst zu sich, indem er sich gegen seine akustisch aufdringliche Umgebung durchsetzen muss. Aber auch dort, wo angeblich Lärm als positiv empfunden wird, handelt es sich um – eine Nervenschwäche.

Prinzipiell können in einer modernen Gesellschaft zwei Arten von störendem, mit Dominanzanspruch ausgestattetem Lärm unterschieden werden: Lärm, der von Menschen erzeugt, und Lärm, der von Maschinen erzeugt wird. In einer technisierten Welt scheint der menschenerzeugte Lärm nicht besonders gravierend, auch wenn dieser – durchaus im Sinne Schopenhauers – mitunter ziemlich nerven kann. Generell entspricht dieser Lärm einem Mangel an Rücksichtnahme und signalisiert natürlich einen Herrschaftsanspruch: Hier rede ich, und mir müssen auch diejenigen zuhören, die gar nicht gemeint sind. Jeder, der in einem Restaurant vom überlauten Gelächter des Nachbartisches überschüttet und in seinem eigenen Kommunikationsbedürfnis sabotiert wird, kennt dieses Problem. Im Hintergrund dieser Lärmerfahrung steht natürlich die laute, erhobene, die brüllende, die sich überschlagende Stimme, die Stimme des Befehls, die sich als einzelne über viele, oder als Gegröle der Vielen über Einzelne erhebt. Der brüllende Offizier ist so nur die Kehrseite der brüllenden Hooligans, die einen U-Bahnwaggon akustisch terrorisieren.

Wie sehr mit solchen akustischen Anschlägen Herrschaftsansprüche nicht nur verbunden, sondern selbst wiederum nach politisch-moralischen Gesichtspunkten bewertet und damit hingenommen werden müssen, zeigt sich, wenn man unterschiedliche Lärmquellen miteinander vergleicht. Wer sich von einer Multikulti-Feier in der Nachbarschaft gestört fühlt, sollte, will er nicht als reaktionärer Spießer gelten, vielleicht doch eher nicht zur Polizei gehen; sollten in der Nachbarschaft aber rechte Recken in derselben Lautstärke ihre Lieder grölen, ist das Einschreiten gegen diesen Lärm natürlich ein Gebot der Stunde.

Gegen von Menschen erzeugten Lärm kann man vielleicht noch vorgehen, gegen den Lärm, den unsere Maschinen erzeugen, nicht mehr. Wenn die These des Philosophen Günther

Anders stimmt, dass die Technik zum neuen Subjekt der Geschichte geworden ist, und sich die Imperative unseres Handelns an die Maximen unserer Maschinen und Geräte anpassen müssen, dann heißt das auch, dass der Lärm dieser Maschinen immer Vorrang haben wird: »Sofern wir heute einen Benehmenskodex haben, ist dieser von Dingen diktiert.«[104] Begründungspflichtig ist nicht die Inbetriebnahme einer lauten Maschine, zum Beispiel eines Flugzeuges, begründungspflichtig ist der Kampf dagegen. Prekär ist dies deshalb, weil die lärmende Maschine zu einem wesentlichen Merkmal der Industriekultur gehört, und der Herrschaftsanspruch dieser Kultur nicht zuletzt über den Lärm ihrer Maschinen vermittelt worden ist. Der Kampf gegen diesen Lärm steht so immer im Verdacht, damit auch gegen die Errungenschaften dieser Kultur zu sein: gegen Fortschritt, gegen Mobilität, gegen Wachstum, gegen Straßen, gegen Bahnhöfe, gegen alles. Natürlich kann man auch bei maschineninduziertem Lärm notwendigen von unnötigem unterscheiden. Wo gebaut, renoviert, erzeugt, gefahren und geflogen werden muss, ist es eben mitunter laut. Das ist der Preis des Lebens in einer industriellen Umgebung. Man wird vielleicht krank, und man kann nicht mehr denken, dafür aber ist man schneller dort. Wenn wir uns diesem Lärm ausliefern, unterwerfen wir uns letztlich einem selbstgewählten Lebensstil.

Aber auch dort, wo keine Notwendigkeit vorliegt, genießt der maschineninduzierte Lärm oft Vorrang. Das verbindet den Verbrennungsmotor mit Schopenhauers knallenden Peitschen. Wer je erlebt hat, wie die morgendliche Stille in einem hochalpinen Tal über Kilometer hinweg vom triumphierenden Aufheulen eines einzigen Motorrades durchschnitten wird, weiß, wovon die Rede ist. Die Lust, die diese Maschinen erlauben, ist offenbar untrennbar an den Lärm eines Motors gebunden und demonstriert wie wenig andere Geräte paradigmatisch den

Herrschaftsanspruch des Lärms: Selbst durch einen Helm und Kopfhörer geschützt, werden alle anderen, Passanten, Radfahrer, Anrainer, Tier und Mensch, dem Lärmterror ausgesetzt: Jetzt komme ich, und ich darf lärmen, weil ich nichts anderes tue, als das eigentliche Kultobjekt unserer Mobilitätskultur zu betätigen: den Verbrennungsmotor. Vielleicht hat sich der Elektromotor bisher deshalb nicht durchgesetzt, weil er zu leise ist und wenig zur Demonstration von Herrschaftsansprüchen taugt. Ganze Regionen beugen sich willig diesem Herrschaftsanspruch. Als Beispiel mögen die Dolomiten gelten, wo seit Jahren darüber debattiert wird, wie in dieser einzigartigen, mittlerweile von der UNESCO zum Weltnaturerbe erhobenen Landschaft der Verkehrslärm, der Wanderer, Bergsteiger, Radfahrer und Kletterer zermürbt und vertreibt, eingedämmt werden kann. Ohne Ergebnis. Eher nimmt man es in Kauf, Erholungsuchende, die Tage, ja Wochen in dieser Region verbringen würden, zu vertreiben, als dass man etwas gegen jene unternähme, die mit jaulenden Motoren über die Pässe brausen, vielleicht einmal übernachten, um dann wieder zu verschwinden. Dies zeigt, gegen jede ökonomische Vernunft, eine Unterwerfung unter das Diktat des Lärms, auch noch in einer Zeit, in der klar ist, dass Grenzen gezogen werden müssten, die Menschen, aber auch Tiere vor diesen akustischen Zumutungen wenigstens einigermaßen schützen.

Wer lärmt, hat recht: Akustische Herrschaftsformen in einer technisierten Gesellschaft besagen nicht – oder zumindest nicht nur –, dass sich soziale und politische Dominanzansprüche auch darin erweisen, dass sie auch mithilfe modernster Technologien versuchen, den öffentlichen und zunehmend auch privaten Raum akustisch zu besetzen, sondern die Existenz und Inbetriebnahme geräuscherzeugender Maschinen stellt an sich einen genuinen Herrschaftsanspruch dar. Die Geräte sind keine Medien, also Mittler, denen wir zuhören, um damit einem anderen zu gehorchen, sondern indem wir uns – freiwillig oder gezwungen – ihren akustischen Parametern unterwerfen, gehorchen wir den Maschinen und machen deren akustische Imperative zu unseren. Günther Anders hat einmal die interessante Überlegung angestellt, dass Menschen nur solche Geräte haben und benutzen sollten, die auch den Imperativen der Humanität genügen. Ein kleines Gedankenexperiment dazu kann dies veranschaulichen: Man hätte, etwa nach der Erfindung des Verbrennungsmotors, sagen können, auf eine Technologie, die so viel notwendigen Lärm, so viel Geknalle und Gejaule erzeugt, die jede Form des Denkens sabotiert, wollen wir verzichten. Das war und ist nur schwer möglich. Der Kampf gegen den Lärm dieser Welt ist auch deshalb so mühsam, weil es ein Kampf gegen mittlerweile verinnerlichte Imperative ist. Was nicht laut ist und schreit, was nicht schrill ist und grell, findet einfach unsere Aufmerksamkeit nicht mehr. Von Denken kann in solch einer Welt aber keine Rede mehr sein.

Freiwillige vor!

An der Grenze zwischen Profession und Ehrenamt

Auch wenn der Lärm dieser Welt das Denken sabotieren mag – über einiges muss immer wieder von neuem nachgedacht werden, zum Beispiel über die Frage, was man macht, wenn man nicht denkt. Man arbeitet. Man ist tätig. Man handelt. Oder man erholt sich. Die Moderne war auch die Epoche, die unserer Zeit scharfe Grenzen gezogen hat, zum Beispiel zwischen Arbeitszeit und Freizeit. Und Arbeit war und ist für die meisten Menschen in industriellen und postindustriellen Gesellschaften bestimmt als Lohnarbeit. Aber natürlich arbeitet man nicht nur dann, wenn man seinem Verdienst nachgeht. Zunehmend richtet sich – nicht zuletzt auch im Zeichen der Krise – das öffentliche Interesse auf eine Form der Tätigkeit, die etwas altertümlich als Ehrenamt, etwas zeitgemäßer als Freiwilligentätigkeit bezeichnet wird. Eine Unzahl von sozialen, kulturellen, pädagogischen und sportlichen Aktivitäten würde ohne ein solches freiwilliges, ehrenamtliches Engagement nicht möglich sein. Es wundert so wenig, dass die Europäische Union, die sich um alle materiellen und immateriellen Grenzfragen kümmert, das Jahr 2011 zum »Europäischen Jahr der Freiwilligentätigkeit zur Förderung der aktiven Bürgerschaft« erklärt hatte. In dem diesem Projekt zugrundeliegenden Bericht des Europäischen Parlamentes wird der Begriff der Freiwilligentätigkeit wie folgt definiert: »1. Eine Freiwilligentätigkeit wird unentgeltlich verrichtet, d. h. sie ist unbezahlt. 2. Sie wird aus eigenem, freiem Willen verrichtet. 3. Ein außerhalb des Familien- oder Freundeskreises stehender Dritter profitiert von ihr. 4. Sie steht allen Menschen offen.«

Diese Bestimmungen, die sich an die üblichen Definitionen

von Freiwilligentätigkeit anschließen, grenzen die Aktivitäten klar von bezahlter Erwerbsarbeit, gesetzlich vorgegebenen Verpflichtungen und rein privat- und familienbezogenen Tätigkeiten ab. Was sich die EU in erster Linie von einer Förderung dieser Freiwilligentätigkeit erwartet, ergibt sich allerdings deutlich aus den Eckpunkten des parlamentarischen Berichts. Darin heißt es: »Freiwilligentätigkeiten unterstützen die Ziele der Agenda von Lissabon durch 1. Förderung der Beschäftigungsfähigkeit. Freiwilligentätigkeit spielt eine wichtige Rolle, wenn es darum geht, Kenntnisse zu erwerben und die Beschäftigungsfähigkeit des Freiwilligen zu verbessern. Sie ist darüber hinaus ein Mittel lebenslangen Lernens. Menschen, die Freiwilligentätigkeiten verrichten, erwerben eine Reihe von Kenntnissen und Fähigkeiten, die sowohl zu den fachlichen Qualifikationen (Organisations- und Zeitmanagementfähigkeit, Beurteilungs- und Berichtsfähigkeit, Planungs- und Budgetierungsfähigkeit usw.) als auch zu den Schlüsselqualifikationen (Kommunikations-, Fürsorge-, Verhandlungsfähigkeit; Fähigkeit, aufmerksam zuzuhören usw.) gehören. [...] 2. Förderung der sozialen Integration. Als informelle und nicht formale Lernerfahrung bieten Freiwilligentätigkeiten den vom formalen Bildungssystem ausgeschlossenen Menschen sowie den Langzeitarbeitslosen echte Chancen. Nach den zur Verfügung stehenden Forschungsdaten sind Menschen, die bereits einmal Freiwilligentätigkeiten verrichtet haben, weniger oft arbeitslos.«[105]

Die Stoßrichtung ist eindeutig: Freiwilligentätigkeit wird aus der Perspektive lohnarbeitsorientierter Beschäftigung gesehen, bereitet auf diese vor, vergrößert deren Möglichkeiten, erhöht Chancen und kompensiert Defizite des Arbeitsmarktes. Das ist nicht zu bestreiten und ein wesentliches Moment der Freiwilligentätigkeit. Diese allerdings vorrangig oder gar ausschließlich unter diesen Gesichtspunkten zu sehen, ist eine

Verkürzung, die sich um die Chance bringt, die gesellschafts-
politische Bedeutung der Freiwilligentätigkeit gerade im Kontext der europäischen Tradition des Nachdenkens über das Verhältnis von Arbeit und Freiheit neu zu bestimmen.

Dass die EU sich am Begriff der Beschäftigungsfähigkeit als
Voraussetzung für Erwerbsarbeit orientiert, ist kein Zufall. Es
ist dieser Begriff von Arbeit, den es im strengen Sinn erst seit
dem späten 18. Jahrhundert gibt, an dem wir nahezu alle unsere
Aktivitäten und Tätigkeiten ausrichten, der uns zum Maßstab
für wirtschaftliche Prosperität ebenso geworden ist wie für kollektive und individuelle Glückserwartungen. Dies führt zu
einer paradoxen Erfahrung der Gegenwart, die sich zu zwei
einander widersprechenden Thesen verdichten lässt: Die erste
These lautet: Diese Arbeit wird immer weniger. Die zweite
These, die dieser gegenübergestellt werden kann, lässt sich
schlicht wie folgt formulieren: Wir alle arbeiten ohnehin immer mehr, auch jenseits unserer Erwerbsarbeit.

Dass die Arbeit immer weniger wird, drückt sich vorab in
den Statistiken zur Arbeitslosigkeit aus, die allerdings den Konjunkturzyklen folgen und selbst ein Indikator für Veränderung
des Arbeitsbegriffes sind: Während bestimmte Formen von Arbeit überflüssig werden, sind andere zeitweilig zumindest immer knapp. Es ist dann auch vor allem die hohe Jugendarbeits-
losigkeit (im EU-Schnitt liegt sie bei knapp achtzehn Prozent),
die durch Freiwilligentätigkeit entschärft werden soll. Generell
muss man wohl davon ausgehen, dass dieser relativ hohe Grad
an Arbeitslosigkeit nicht nur das Resultat einer falschen und
unglücklichen oder zu langsamen oder von einer Verdrängung
und Nichtwahrnehmung der Realität gekennzeichneten sozialen und ökonomischen Politik ist, sondern dass sich in der Tat
dahinter ein Prozess verbirgt, der sich durch drei Faktoren ausdrücken lässt: rasant wachsende Produktivität; Technologisie-
rung, Mechanisierung, Digitalisierung; und eine Internationa-

lisierung und Globalisierung, die sich nicht zuletzt durch die Verfügbarkeit von ungeheuren Reserven billiger Arbeitskräfte am Weltmarkt bemerkbar macht. In diesem Sinn wird die Arbeit, vor allem die traditionelle Industriearbeit, in der Tat denkbar knapp. Und zur Zeit zumindest spricht viel dafür, dass Modelle der Neuorganisation von Arbeit und Arbeitsformen, die unter Stichworten wie Flexibilisierung der Arbeit, neues Unternehmertum, Teilzeit- und Telearbeit, Ausweitung des Dienstleistungssektors, Arbeit durch neue Technologien diskutiert und probiert werden, das Übel nicht wirklich an der Wurzel packen, das darin besteht, dass mit immer weniger menschlichem Arbeitsaufwand immer mehr Güter in immer kürzerer Zeit produziert werden können. Der Arbeitsgesellschaft geht in der Tat zumindest ein bestimmter Typus von bezahlter Arbeit aus. Freiwilligentätigkeit greift hier in zweierlei Hinsicht ein: Sie erlaubt zeitweilig arbeitslosen Menschen eine befriedigende Tätigkeit und verbessert ihre Qualifikationen. Sie garantiert aber auch notwendige Tätigkeiten in Bereichen, die zwar auch durch Erwerbsarbeit abgedeckt werden könnten, aber aus Kostengründen nicht werden: Und dies reicht von der Nachbarschaftshilfe über Betreuung und Organisation von Jugendlichen außerhalb der Schule bis hin zu Tätigkeiten im caritativen und medizinischen Bereich.

Jetzt zur zweiten These: Alle arbeiten immer mehr. Die Arbeit wird tatsächlich immer mehr, weil sie selbst ein universeller Ausdruck für Lebenstätigkeit schlechthin geworden ist. Dazu einige Beispiele: Wer immer für seine Tätigkeiten Geld bekommt, auch wenn er nicht unmittelbar produktiv tätig ist, arbeitet selbstverständlich. Ob jemand als Politiker Menschen beherrscht – falls dies überhaupt noch als Aufgabe der Politik begriffen wird –, oder ob jemand als Künstler sich selbst verwirklicht, ob man als Philosoph mit seinen Interpretationen die Welt behelligt oder so nebenbei für ein kleines Entgelt das

Heim seiner Freunde renoviert: Man arbeitet; aber auch wer unbezahlt tätig ist, wer zu Hause kocht und putzt, leistet selbstverständlich Hausarbeit; wer mit seinem Partner die Frage erörtert, ob als sexuelles Stimulans die erotische Literatur der Jahrhundertwende dem Video vorzuziehen sei, leistet Beziehungsarbeit; wer seine Kinder in Zeiten der Digitalisierung trotz allem noch zum Lesen animieren will, leistet, wenn auch wahrscheinlich vergeblich, Erziehungsarbeit; wer seine Großmutter, anstatt sie ins Altersheim abzuschieben, bei sich behält, leistet Betreuungsarbeit; wer, wie zahllose Manager, vom Stress seiner Tätigkeit in alpine Regionen flüchtet, um sich dort für den nächsten Stress fit zu machen, leistet natürlich für das Unternehmen wertvolle Regenerationsarbeit; wer in einer Psychotherapie seinen frühkindlichen Traumata auf der Spur ist, leistet Erinnerungsarbeit; wer sich ins Fitnessstudio begibt, geht zum Workout und leistet schweißtreibende Körperarbeit, und wer nur in den Urlaub fährt, leistet immerhin noch Erholungsarbeit mit entsprechendem Freizeitstress. Was immer wir tun, wir scheinen, bis in den Schlaf hinein, zu arbeiten. Oder anders gesagt: Erst wenn es uns gelingt, die unterschiedlichen Tätigkeiten des Lebens vor uns und vor den anderen als Arbeit zu klassifizieren, scheinen wir etwas Wertvolles und Sinnvolles zu tun.

Die Erwerbsarbeit ist längst zur einzigen relevanten Quelle und zum einzig gültigen Maßstab für die Wertschätzung all unserer Tätigkeiten geworden. Jede emotionale, kommunikative, soziale Tätigkeit, in der wir nicht eine Form von Arbeit erkennen, scheint uns suspekt zu sein. Nur mit Menschen zu reden, sich um jemanden zu sorgen, für jemanden da zu sein oder gar nur Menschen zu lieben – das ist nichts, es muss zumindest Versorgungs- und Beziehungsarbeit geleistet werden. Auch wenn das eine metaphorische Verwendung des Begriffs Arbeit ist, wird mit dieser Begriffstransformation mehrfaches signalisiert. Auf der einen Seite unterstreichen wir damit die Universalisierung eines Begriffs, der uns ans Herz gewachsen zu sein scheint, und auf der anderen Seite verschwindet etwas: die Dimension einer Tätigkeit nämlich, die frei ist von dem, was untrennbar mit dem Begriff der Arbeit verbunden ist: messbare Leistung. Denn erst dieses Maß erlaubt es, nach der Effektivität von Arbeit zu fragen, und wir universalisieren den Arbeitsbegriff, damit wir nach Effektivität fragen können. Durch dieses Maß der Effektivität in der Zeit werden Arbeiten unterschiedlichster Art aber erst miteinander vergleichbar, und genau diese Vergleichbarkeit ermöglicht dann die soziale Wertschätzung. Also erst wenn die Menschen Beziehungsarbeit leisten, produzieren sie damit etwas Wertvolles, das verglichen, beziffert, gegen eine andere Leistung aufgerechnet, letztlich bezahlt werden kann; solange sie nur lieben, produzieren sie keine Werte. Diesen soeben skizzierten Prozess könnte man als die Laborisierung menschlicher Tätigkeiten seit dem 19. Jahrhundert beschreiben.

Wir sind wesensmäßig seit dem 19. Jahrhundert in erster Linie und vor allem Arbeiter, und zwar ohne Ausnahme. Die Erwerbsarbeit ist zum zentralen Paradigma unseres Daseins geworden. Das war nicht immer so. Frühere Epochen kannten durchaus sinnfällige Differenzierungen zwischen Arbeit und anderen Aktivitäten. Aristoteles etwa hatte den Versuch unternommen, die menschlichen Tätigkeiten zu klassifizieren. Und aus dem Reichtum dieser Klassifizierung lässt sich vielleicht auch ermessen, was wir schon auf der Ebene der begrifflichen Unterscheidungen mittlerweile verloren haben. Hannah Arendt hat in ihrem wichtigen Buch *Vita activa*[106], wie schon im Kapitel über den *Anfang* angemerkt, diese Differenzierung aufgegriffen. Arendt unterschied drei Möglichkeiten, tätig zu werden, und die Art und Weise, wie wir seit der Moderne mit diesen Möglichkeiten umgegangen sind, sagt einiges über unser Verhältnis zum Arbeitsbegriff aus. Die erste Möglichkeit war die *Arbeit*, hier allerdings ausschließlich gedacht als jene notwendige Arbeit, die gemacht werden musste, wenn man überhaupt leben wollte: Plage und Mühe. Die Antike stand auf dem Standpunkt, dass diese Arbeit nicht menschenwürdig sei, weshalb sie am besten von Sklaven verrichtet werden sollte. Das ist brutal, und trotzdem steckt in dieser Brutalität eine ungeheure Wahrheit, die selbst wieder grausam ist. Die Antike hatte diese Form von mühseliger Naturbearbeitung nicht deshalb verachtet, weil sie dafür Sklaven beschäftigte, sondern sie hatte die Sklaven, weil man meinte, dass diese notwendigen Beschäftigungen ihrer Natur nach menschenunwürdig sind. Menschsein in vollem Sinn hieß bei Aristoteles aber, frei zu sein, solchen Notwendigkeiten gerade nicht unterworfen zu sein. Frei aber ist nur jemand, der tatsächlich jederzeit tun und lassen kann, was er will, und von keinerlei Umständen zu irgendetwas gezwungen werden kann. Deshalb war Arbeit, in der man sich eben anderen Gesetzen unterwerfen muss, schlechterdings nichts für einen Menschen, der den Anspruch hatte, frei zu sein.

Die zweite Form der Tätigkeit ist das *Herstellen, Poesis*. Herstellen ist etwas anderes als Arbeit, denn Herstellen hat schon ein Element von Freiheit an sich. Herstellen bezieht sich auf etwas Geplantes, ist das bewusste Hervorbringen eines Produktes, Werkzeuges oder Gegenstandes, bei dem ein Mensch eine Idee hat und dann versucht, mit einer spezifischen Technik, ja mit einer gewissen Kunstfertigkeit, diese zu verwirklichen. Handwerker, die auch bis in die späte Neuzeit von Arbeitern sehr wohl unterschieden wurden, sind dem Wesen nach herstellende Menschen, und dies betrifft auch die Künstler, die Poeten. Die Künstler sind vielleicht diejenigen, die noch in der industriellen Moderne lange diesen alten Begriff des Herstellens versinnbildlichen und verdeutlichen konnten: Jemand schafft etwas aus sich, hat eine Idee, einen Gedanken, einen Plan, eine Intuition und versucht, dies dann in einen Gegenstand, in ein Werk zu transformieren. Künstlerische Tätigkeit gilt so bis heute oft als Inbegriff einer selbstbestimmten Tätigkeit.

Die dritte Dimension des aktiven Lebens, neben Arbeiten und Herstellen, die eigentliche Dimension, in der sich der Mensch in seiner Freiheit tatsächlich realisieren kann, war für die Antike die *Praxis*. Und dies ist genau der Punkt, an dem man freiwillige und ehrenamtliche Tätigkeiten an eine große europäische Tradition rückbinden könnte. Denn das antike Modell von Praxis impliziert die Freiwilligkeit ebenso wie den sozialen und kommunikativen Aspekt. Praxis wurde damals verstanden als Handeln, als Form der Kommunikation, der Interaktion mit Menschen, Handeln als die Organisation des Gemeinwesens, also Politik im ursprünglichen Sinn als Form und Frage der Regelung der Beziehung zwischen den Menschen – von der Verwaltung der Polis über die Wohlfahrt bis hin zum Krieg. Die Heere der klassischen griechischen Stadtstaaten waren selbstverständlich Freiwilligenheere, es war für die Soldaten tatsächlich ein Ehrenamt, und sie hatten auch für die Bewaffnung selbst aufzukommen. Im antiken Griechenland konnten nur reiche Bürger in den Krieg ziehen.

Dieser dreifach gefächerten Welt des tätigen Menschen, der entweder arbeitet oder herstellt oder praktisch handelt, stellte Aristoteles noch eine vierte, generell entgegengesetzte Daseinsmöglichkeit gegenüber, nämlich die *vita contemplativa*, die kein tätiges Leben, sondern ein anschauendes Leben ist – beschaulich wäre nicht der richtige Ausdruck dafür. Der *bios theoretikós*, das theoretische Leben, war für Aristoteles die höchste und damit gelungenste, glücklichste Daseinsweise, in der der Mensch auch nicht mehr handelt, sondern in der er sich tatsächlich darauf beschränkt – Urbild jeder philosophischen

Existenz –, Theorie zu betreiben, denn *theoría* meinte einmal diese Form der Anschauung: Die Dinge nur noch zu betrachten und sie zu verstehen versuchen, und vielleicht das, was von der Welt verstanden wurde, anderen mitzuteilen, war einmal der ursprüngliche Kern, die ursprüngliche Idee von Theorie und Kontemplation.

Die Transformation menschlicher Tätigkeit nach dem Modell der Erwerbsarbeit im Prozess der Industrialisierung wurde von sensiblen Geistern als durchaus bedrohlich empfunden. Friedrich Nietzsche etwa spürte deutlicher als andere, dass dieser Prozess der Laborisierung auch und für ihn in erster Linie gegen jede freie, selbstbestimmte, vor allem auch gegen jede kreative Tätigkeit gerichtet war. Er schreibt in *Menschliches Allzumenschliches*: »Wir haben das Gewissen eines arbeitsamen Zeitalters: diess erlaubt uns nicht, die besten Stunden und Vormittage der Kunst zu geben, und wenn diese Kunst selber die grösste und würdigste wäre. Sie gilt uns als Sache der Musse, der Erholung: wir weihen ihr die Reste unserer Zeit, unserer Kräfte. [...] Es dürfte desshalb mit ihr zu Ende sein, weil ihr die Luft und der freie Athem fehlt: oder – die grosse Kunst versucht, in einer Art Vergröberung und Verkleidung, in jener anderen Luft heimisch zu werden (mindestens es in ihr auszuhalten), die eigentlich nur für die kleine Kunst, für die Kunst der Erholung, der ergötzlichen Zerstreuung das natürliche Element ist.«[107] Die Aktualität dieses Befundes ist im Zeitalter der Erlebniskultur kaum zu dementieren. Dass Kultur schlechterdings zu Unterhaltung und Zerstreuung, damit aber zu einem arbeitsträchtigen produktiven Sektor der Gesellschaft wird, ist nicht zu bestreiten. Von Nietzsche unterscheiden wir uns aber wahrscheinlich in der Bewertung dieses Prozesses. Die Laborisierung der Kultur ist für uns eine Chance, kein Verhängnis. Wir sprechen dann von Professionalisierung.

Vielleicht war Nietzsche seinem Denken nach tatsächlich

der letzte Grieche. Er hat noch einmal ein Lob der *Muße* gesungen, er hat als einer der Letzten den Begriff der Arbeit noch einmal, wenn auch im vollen Wissen, dass es damit vorbei ist, dem Begriff der *vita contemplativa* entgegengestellt. Und mit der folgenden kurzen Stelle soll nicht irgendetwas beschworen werden, was vorbei ist, sondern nur darauf aufmerksam gemacht werden, dass wir uns bewusst sein müssen, dass wir bei allem, was wir durch Industrialisierung und Technisierung gewonnen haben, auch etwas verloren haben. Es gibt in der Geschichte keinen zivilisatorischen Gewinn ohne Verlust. Nietzsche schreibt im 329. Aphorismus der *Fröhlichen Wissenschaft* unter dem Stichwort *Muße und Müßiggang*: »Es ist eine indianerhafte, dem Indianer-Bluthe eigenthümliche Wildheit in der Art, wie die Amerikaner nach Gold trachten: und ihre athemlose Hast der Arbeit – das eigentliche Laster der neuen Welt – beginnt bereits durch Ansteckung das alte Europa wild zu machen und eine ganz wunderliche Geistlosigkeit darüber zu breiten. Man schämt sich jetzt schon der Ruhe; das lange Nachsinnen macht beinahe Gewissensbisse. Man denkt mit der Uhr in der Hand, wie man zu Mittag isst, das Auge auf das Börsenblatt gerichtet, – man lebt, wie Einer, der fortwährend Etwas ›versäumen könnte‹. […] Das Leben auf der Jagd nach Gewinn zwingt fortwährend dazu, seinen Geist bis zur Erschöpfung auszugeben, im beständigen Sich-Verstellen oder Ueberlisten oder Zuvorkommen: die eigentliche Tugend ist jetzt, Etwas in weniger Zeit zu thun, als ein Anderer. […] Die Arbeit bekommt immer mehr alles gute Gewissen auf ihre Seite: der Hang zur Freude nennt sich bereits ›Bedürfniss der Erholung‹ und fängt an, sich vor sich selber zu schämen. ›Man ist es seiner Gesundheit schuldig‹ – so redet man, wenn man auf einer Landpartie ertappt wird. […] Nun! Ehedem war es umgekehrt: die Arbeit hatte das schlechte Gewissen auf sich.«[108]

Man könnte leicht an sich selbst überprüfen, wie weit wir

dieser Diagnose Nietzsches schon genügen. Man könnte sich fragen, wann hat man denn zuletzt einen Spaziergang unternommen, ein Gespräch geführt, ein Kunstwerk betrachtet, sich der Muße – wie es so schön heißt – hingegeben, ohne arbeitsträchtigen Hintergedanken und ohne schlechtes Gewissen. Die Moderne, so Nietzsches Diagnose, zeigt sich auch daran, dass die außenorientierte Arbeit zu einem Ethos, zu einer Lebensform geworden ist, die andersgeartete Tätigkeiten nur noch mit schlechtem Gewissen zulässt. Nicht zuletzt das Diktat der Zeit und die omnipräsente Zweckorientierung – und die Beschreibung der Freiwilligentätigkeit im Papier des Europäischen Parlamentes ist dafür ein deutliches Beispiel – lassen alles andere in einem schrägen Licht erscheinen. Das hat Gründe.

Von den vier Dimensionen menschlicher Tätigkeit, die Aristoteles noch kannte – Arbeit, Herstellen, Handeln und Kontemplation –, ist uns, so zumindest die These von Hannah Arendt, nur die Arbeit geblieben. Das aber bedeutet: Um den Preis einer nicht zu gering erachtenden, formellen Freiheit und eines relativen materiellen Wohlstandes führen wir – auch wenn das jetzt übertrieben erscheinen mag – aus der Perspektive der antiken Anthropologie das Leben von Sklaven. Wir sind Gebundene: an unsere Zeit, an unseren Job, an unsere Termine, an unsere Verpflichtungen. Wir verfügen nicht souverän über unsere Zeit und über unser Leben. Man muss sich vergegenwärtigen, was das bedeutet. Anstatt dass wir, wie es die Utopien der Moderne verhießen, durch die industriellen Revolutionen alle zu Herren geworden wären, wurden wir alle zu Knechten. Und schon Hannah Arendt deutet am Ende ihrer Studie an, dass auch diese Form der allumfassenden Arbeit unter modernen Bedingungen noch einmal entwertet werden könnte: »In ihrem letzten Stadium verwandelt sich die Arbeitsgesellschaft in eine Gesellschaft von jobholders, und diese verlangt von denen, die ihr zugehören, kaum mehr als ein automatisches Funktionieren, als sei das Leben des Einzelnen bereits völlig untergetaucht in den Strom des Lebensprozesses, der die Gattung beherrscht, und als bestehe die einzige aktive, individuelle Entscheidung nur noch darin, sich selbst gleichsam loszulassen, seine Individualität aufzugeben, bzw. die Empfindungen zu betäuben, welche noch die Mühe und Not des Lebens registrieren, um dann völlig ›beruhigt‹ desto besser und reibungsloser ›funktionieren‹ zu können.«[109]

Erst vor diesem Hintergrund könnte sich die freiwillige und ehrenamtliche Tätigkeit in ihrer vollen chancenreichen Bedeutung für eine moderne Gesellschaft erschließen. Denn der ältere Ausdruck Ehrenamt deutet an, dass es sich hier um Tätigkeiten handelt, die dem alten Begriff der Praxis entsprechen. Es sind soziale und kommunikative Aktivitäten, in denen es um die Gemeinschaft geht – sei es, dass diese Tätigkeiten selbst das Ziel haben, in erster Linie soziale Bindungen zu ermöglichen, wie es bei sehr vielen Vereinen der Fall ist, sei es, dass das Soziale, die Gemeinschaft, in der man lebt, selbst zur Aufgabe dieser Tätigkeit wird, wie es bei der Freiwilligen Feuerwehr ebenso der Fall ist wie bei organisierten Formen der Nachbarschaftshilfe oder anderen caritativen Tätigkeiten. Und auch dort, wo sich Bürger freiwillig zusammenschließen, um für einen gewissen Zeitraum für ein Ziel – ein Umweltprojekt, eine Lebensform, einen Freiraum oder gegen ein Bauprojekt – zu kämpfen, handelt es sich um Praxis im antiken Sinn. Das Tätigsein in solchen Vereinen und Verbänden ist kein Job, sondern eben: lebendiges Engagement, gelebte Gemeinschaft. Gerade für Menschen, die in gesicherten ökonomischen Verhältnissen leben, in ihren Berufen erfolgreich sind, könnte solch eine freiwillige Tätigkeit wieder viel mehr ihren Lohn in der damit verbundenen »Ehre« haben, als es zurzeit der Fall ist. Das klassische Ehrenamt ist nämlich nicht gedacht, um Phasen der Arbeitslosigkeit bei Jugendlichen zu überbrücken oder offiziöse Qualifizierungschancen sanft zu oktroyieren. Es kann aber davon ausgegangen werden, dass auch und gerade derjenige, der in seiner Erwerbsarbeit erfolgreich ist, in einer ehrenamtlichen Tätigkeit etwas lernt und Seiten des Lebens kennenlernt, die ihm beim Pendeln zwischen Vorstandsetagen und Businesslounges wahrscheinlich entgehen.

Aber auch dort, wo dieser Aspekt der Ehre vielleicht nicht mehr als zeitgemäß empfunden und der Aspekt der Freiwilligkeit in den Vordergrund gerückt wird, eröffnen sich Chancen, diese Tätigkeiten als Ausdruck menschlichen Tuns zu sehen, das auch Perspektiven für eine Gesellschaft jenseits der klassischen Arbeitswelten erlaubt. Ein ernsthaft verstandenes Prinzip der Freiwilligkeit könnte uns verdeutlichen, in welchem Maße soziales Handeln seinen Sinn in sich tragen kann, ja tragen muss und nicht an den Kriterien des Wettbewerbs und des Gewinns orientiert werden darf.

Allerdings soll auch nicht verschwiegen werden, dass unter den gegebenen Bedingungen diese Formen von Freiwilligkeit immer auch bestimmten Gefahren ausgesetzt sind. Gerade weil in diesen Aktivitäten Menschen eine Form selbstbestimmter Tätigkeit erleben, die ihnen das Berufsleben so nicht oder nur selten bietet, kann das Ehrenamt zu einer selbst Zwangscharakter annehmenden Kompensationsform werden. Im Volksmund kennt man dieses Phänomen als Vereinsmeierei. Es kann auch nicht sein, dass das freiwillige Engagement andere Pflichten, die man hat – etwa gegenüber dem Partner oder der Familie –, zurücksetzt, so wenig es ideal ist, wenn vor diesen Pflichten in das Ehrenamt geflüchtet wird. Auch hier geht es um eine angemessene Balance. Und die zweite Gefahr besteht in dem Druck zur Professionalisierung, der überall dort gegeben ist, wo man mit seiner Tätigkeit entweder mit professionell arbeitenden Konkurrenten konfrontiert ist oder Chancen sieht, aus einem sozialen oder politischen Engagement einen Beruf zu machen. Die dritte Gefahr schließlich besteht darin, dass die Versuchung groß ist, dass verantwortliche öffentliche und private Instanzen missliebige oder teure oder wenig profitable Arbeiten der Bereitschaft und dem Engagement von Freiwilligen überlassen. Es darf nicht sein, dass sich zum Beispiel die öffentliche Hand aus bestimmten Bereichen des Gesundheitswesens und der sozialen Wohlfahrt mit dem Hinweis auf die Potenziale freiwilliger Dienstleistungen zurückzieht. Freiwilligkeit kann kein Ersatz für Fehler und Misswirtschaft in der Sozial- und Gesundheits-, in der Kultur- und Bildungspolitik sein. Freiwilligkeit kann – nun im privaten Sektor – kein Modell sein, um wenig profitable Tätigkeiten auszulagern oder durch billige Arbeit profitabel zu machen. Die fließenden Grenzen zwischen Freiwilligentätigkeit und oft erzwungenen Praktika zeugt von einem unheilvollen Trend, unter verschiedenen gut klingenden Begriffen Löhne zu senken oder überhaupt unbezahlte Arbeit in Anspruch zu nehmen.

Das europäische Jahr der Freiwilligkeit hätte uns darauf aufmerksam machen können, dass Freiwilligkeit, soziales Engagement, Hilfsbereitschaft, Freude an kommunikativen Tätigkeiten nicht nur einen verschwiegenen Beitrag zur Wertschöpfung, nicht nur ein Reservoir für Lernchancen, nicht nur eine Kompensation der Defizite der Arbeitswelt darstellen, sondern auch darauf, dass Menschsein in einem anspruchsvollen Sinn auch davon abhängt, inwiefern es uns gelingt, der ökonomischen Erwerbsarbeit andere, gemeinschaftsbezogene Formen menschlichen Handelns, die ihren Sinn in sich tragen, als gleichwertige entgegenzustellen und in die Entwicklung von gesellschaftlichen Zukunftsperspektiven einfließen zu lassen. Prekär wird es allerdings, wenn die ehrenamtliche, freiwillige Tätigkeit den Charakter einer Pflicht bekommt, der man sich nur um den Preis der sozialen Ächtung entziehen kann.

Der Philosoph Richard David Precht ist mit dem Vorschlag aufgefallen, dass Rentner sich nach Pensionsantritt verpflichtend in einem sozialen Jahr um Jugendliche kümmern sollten, was die Debatte um das Rentenantrittsalter entschärfen und die Defizite der Jugendbetreuung ausgleichen könnte.[110] Jenseits der Realisierbarkeit dieses Vorschlages deutet sich dahinter auch eine Stoßrichtung an, die die Freiwilligentätigkeit ihres kritischen Stachels gegenüber der Welt der gehetzten Erwerbsarbeit berauben könnte: wenn diese nur noch dazu dient, eine Arbeit ohne Lohn zu verrichten, die auch mit Lohn sonst niemand erledigen will.

Die Entwicklung der Arbeitswelt, wie sie sich in den letzten Jahrzehnten abzeichnet, zieht eine neue, furchtbare Grenze: zwischen jenen immer weniger werdenden Arbeiten, die hoch bezahlt werden, auch dann, wenn ihr gesellschaftlicher Nutzen nicht immer klar ersichtlich ist, und jenen Notwendigkeiten im sozialen und kulturellen Bereich, die einer Freiwilligkeit überantwortet werden, die, weil ohne materiellen Lohn, auch ohne soziale Anerkennung bleiben wird. Da wäre es besser, den Begriff der Ehre zu reaktivieren und es zur Ehrensache für Banker und Manager zu erklären, sich in der Pause zwischen zwei gutdotierten Fünfjahresverträgen um jugendliche Analphabeten zu kümmern.

Am Ende

An der Grenze zwischen Leben und Tod

Freiwilligentätigkeit für Rentner? Oder doch gleich eine dramatische Anhebung des Rentenantrittsalters? Zwei mittlerweile bekannte Faktoren kennzeichnen die demografische Entwicklung in den westeuropäischen Industrieländern: eine steigende Lebenserwartung und eine sinkende Geburtenrate. Über das Alter, seine Erscheinungsformen, seine sozialen, ökonomischen, kulturellen und medizinischen Konsequenzen nachzudenken, ist vorab durch diese Fakten indiziert. Mit anderen Worten: Die Grenze, die das Leben vom Tod trennt, wird hinausgeschoben, und diese Grenze selbst wandelt ihre Gestalt. Neben dem aktiven Senior kennt unsere Zeit auch den Pflegefall, der sich Monate, ja Jahre auf dieser Grenze bewegt. Wo diese letztlich zu ziehen, wie der Tod definiert und wann die Zeit zum Sterben gekommen ist, wird selbst fragwürdig in einer Gesellschaft, deren medizinischer Fortschritt auf Lebensverlängerung setzt, die aber nicht mehr fraglos akzeptieren kann, dass das Ende des Lebens etwas Naturgegebenes sein soll. Der Tod selbst aber ist keine Grenze, sondern tatsächlich das Ende. Er ist die Schranke, die nicht überschritten und deshalb nicht als Schranke gedacht werden kann. Nur Konzepte des Weiterlebens nach dem Tode, mögen diese religiös oder technoid gedacht sein, versuchen verzweifelt, den Tod doch als Grenze, hinter der etwas gedacht werden kann, zu bestimmen. Den Tod als Grenze zu denken, der das Diesseits vom Jenseits trennt, verweist so nicht nur auf die Unsterblichkeitssehnsüchte der Menschen, sondern auch auf ein Hoffnungspotenzial, das jeder Grenze innewohnen mag: dass es drüben weitergeht, ja dass es überhaupt ein Drüben gibt. Dass das Leben nur begrenzt sei, erscheint so tröstlich gegenüber der ausweglosen Bestimmung, dass es tatsächlich endlich ist. Das Alter aber kennt sehr wohl Grenzen. Es definiert sich einerseits gegenüber der Jugend und andererseits gegenüber jenem absoluten Ende, dessen untröstlicher Vorschein es ist.

In einem sozialen Sinn ist das Alter in der Moderne zu einem Massenphänomen geworden, das in sich eine widersprüchliche Struktur aufweist: Sosehr ein hohes Alter, zumal bei entsprechender körperlicher und geistiger Gesundheit aus der Perspektive individueller Lebenskonzepte begrüßt werden muss, so sehr wird es aus demografischer und damit auch sozialer und ökonomischer Sicht zu einem Problem, das nicht wegdiskutiert werden kann. Das hat auch damit zu tun, dass diese Entwicklung ein historisches Novum darstellt. Wohl gab es alte und sehr alte Menschen immer schon. Sie stellten aber die große Ausnahme dar, waren Einzelfälle, bemerkenswerte Schicksale in Gesellschaften mit niedriger Lebenserwartung. Mit anderen Worten: Wir haben noch keine Erfahrung mit einer Gesellschaft, die in hohem Maße aus alten und sehr alten Menschen zusammengesetzt ist. Aber auch jenseits der politischen Konzepte, die wir für solch eine Gesellschaft entwerfen müssen, nötigt uns diese Entwicklung, das Alter prinzipiell zu bedenken.

Die fortgeschrittenen westlichen Gesellschaften sind von einer eigentümlichen Paradoxie gekennzeichnet: Die Lebenserwartung der Menschen steigt seit einem Jahrhundert kontinuierlich an, gleichzeitig sinkt die Geburtenrate, und dies bedeutet, dass die alten und sehr alten Menschen in naher Zukunft die absolute Mehrheit stellen werden. Gleichzeitig gelten Jugend und Jugendlichkeit als die Ideale dieser Gesellschaft, in allen relevanten gesellschaftlichen Bereichen triumphieren die Attribute des Jungseins, und so alt kann keiner sein, dass er sich nicht mithilfe der Mode und der Unterhaltungsindustrie ewig jung fühlen könnte. Trotzdem: Man kann dem Alter nicht entgehen. Wann es aber so weit ist – dafür gibt es keine starren Zäsuren mehr, kein runder Geburtstag, der verbindlich diesen Schritt anzeigte, kein soziales Ritual, das diesen Übertritt in eine andere Welt signalisierte.

Wie lange ist man nun eigentlich jung? Und ab wann zählt man, ob man es will oder nicht, wirklich zum alten Eisen? Die Debatten der Gegenwart über die Überalterung der Gesellschaft, die Sicherung der Pensionen, die Erhöhung des Renteneintrittsalters und den Konflikt der Generationen kennen nur mehr zwei Gruppen, die einander gegenüberzustehen scheinen: die Jungen und die Alten. Unklar aber ist, wo genau die Grenze zwischen diesen Formationen verläuft, unklar ist, inwiefern Jugend und Alter eine biologische Realität oder eine soziale Konstruktion darstellen; klar ist einzig die Bewertung dieser Daseinsformen. Jugend ist gut, und Alter ist schlecht. Deshalb führen wir auch einen aufwendigen Kampf gegen Alterungsprozesse – Anti-Aging – und keinen gegen die grassierende Infantilisierung, die nun einmal der Preis für die Adorierung von Jugendlichkeit ist. Oder anders, ohne kulturpessimistische Untertöne formuliert: Die Jugend ist offenbar etwas, das mit allen Mitteln erhalten und verlängert werden soll, das Alter ist etwas, das mit allen Mitteln, so lange es eben geht, bekämpft, verhindert und hinausgezögert werden muss. Kein Wunder, dass die Grenze zwischen Jugend und Alter fließend geworden ist. Starr allerdings ist sie nie gewesen.

Die Etablierung von Jugend als eigene soziale und kulturelle Lebensform ist an sich schon eine späte Erfindung der modernen Gesellschaft. Vormoderne Gesellschaften betrachteten Kinder einfach als kleine Erwachsene, und wer geschlechtsreif war, war damit auch schon erwachsen. In traditionalen Gesellschaften galten die Heirat und die Vater- beziehungsweise Mutterschaft als entscheidende Merkmale für den endgültigen Eintritt in die Welt der Erwachsenen. Die »Erfindung der Kindheit« als eigene, besondere Aufmerksamkeit verdienende Lebensphase[111] sowie die daran anschließende Konstruktion von Jugend als Lebensform eigenen Rechts mit besonderen Ansprüchen und Qualitäten – nimmt man den *Sturm und Drang* als erste authentische Jugendbewegung, kann man diese Entwicklung auf das ausgehende 18. Jahrhundert datieren – erlaubten es erst, in Kindheit und Jugend mehr zu sehen als eine Übergangsphase. Nun wird *Jugend* zu einer eigenen sozialen Formation stilisiert und an das Jungsein eine ganze Reihe ästhetischer, sozialer und politischer Utopien geknüpft, was sich in Bezeichnungen wie *Junges Deutschland* oder *Jugendstil* niederschlug, auch wenn deren Vertreter dem Älterwerden nicht entrannen. Dass solche an Jugendlichkeit gebundene Hoffnungen sich immer wieder zerschlugen, änderte ebenso wenig etwas am Nimbus der Jugend wie die Tatsache, dass Jungsein allein kein Garant für einen menschlicheren Zugang und Umgang mit der Welt ist. Auch wenn wir es nicht gerne hören: Auch und gerade der Nationalsozialismus war eine Jugendbewegung par excellence.

Gegenwärtig ist die Sache allerdings noch komplizierter. Den hohen Prestigewerten von Jugendlichkeit korrespondieren auf der anderen Seite die Wünsche der Jugendlichen oder ihrer selbsternannten Vertreter danach, möglichst rasch den Erwachsenen gleichgestellt zu werden. Man kann diesen Sachverhalt auch folgendermaßen formulieren: Je höher Jugend als ökonomischer, kultureller und sozialer Wert im Kurs steht, desto schwieriger ist es, tatsächlich jung zu sein. Denn einerseits wollen und sollen Jugendliche so bald wie möglich in manchen Hinsichten als Erwachsene gelten, andererseits wollen sie auch als Erwachsene so lang wie möglich jung bleiben. Mit sechzehn Jahren kann man in Österreich wählen, gilt aber sexuell als unmündig.

Aber auch die Kindheit ist im Begriffe zu verschwinden, sie dauert gerade einmal von der Geburt bis zum zweiten Lebensjahr. Dann beginnt mit Kindergarten, Vorschule, Früherziehung, Bildungsplan, Fremdsprachen, Computer literacy schon der Ernst des Lebens, also der Kampf um die besten Startplätze im globalen Wettbewerb. Kaum in der Schule, ist es dann überhaupt schon wie bei den Erwachsenen, mit »lebensnahem« Lernen, effizienzorientierten Projekten, Pornografie, Internet-Mobbing, sozialen Netzwerken, Geld und Karriere. Castingshows für Sechsjährige können als Indiz für diesen Verlust der Kindheit gewertet werden, wie peinlich es auch sein mag, Kinder dabei zu beobachten, wie sie die Kleider, Gesten und Rhythmen der Erwachsenen imitieren. Ganz so schlimm ist es aber nicht, denn diese Erwachsenen sind andererseits selbst jugendlich, wie alt sie auch sein mögen. Sie kleiden sich wie Halbwüchsige, sprechen wie Halbwüchsige, hören die Musik von Halbwüchsigen, tanzen wie Halbwüchsige, sehen die Filme von Halbwüchsigen, sie denken wie Halbwüchsige – und dies bis ins hohe Alter. Es ist offenkundig, dass neben der eigentlichen Kindheit vor allem der Lebensabschnitt des Erwachsenseins verschwunden ist. Hier zerfließen die einstigen Grenzen tatsächlich. Die späte Pubertät oder Adoleszenz ist zum generationenübergreifenden Lebensmodell geworden.

Die Auflösung der alten Schule, die den Jugendlichen von der Erwerbswelt der Erwachsenen separierte und so einen Status sui generis und auch einen Schutzraum fixierte, in Richtung einer praxis- und lebensnahen Schule, die so nah wie möglich an die Erwerbswelt der Erwachsenen über zahlreiche Schnittstellen gekoppelt sein soll (Werbung, Kooperationen zwischen Schule und Wirtschaft, Projektunterricht), ist bildungsphilosophisch übrigens höchst fragwürdig, weil damit auch die für jede Form von Erkenntnis notwendige Distanz eingeebnet wird. Die mitunter durchaus berechtigten Klagen über die kaum mehr beherrschten Kulturtechniken, sekundären Analphabetismus und intellektuelle Defizite, die es Jugendlichen so schwermachen, die Fragebögen der Jugendforscher einigermaßen korrekt auszufüllen, können auch als Resultat einer neuen transgenerativen Lernwelt interpretiert werden, die eben die flüchtige, zerstreute Wahrnehmung, die rasche Informationsabfrage und nicht die mühsame verstehende Aneignung und Konzentration in den Mittelpunkt rückt. Mit der Auflösung der traditionellen Trennung zwischen Schulzeit und Lebensarbeitszeit wird allerdings einiges dazu getan, Kindheit und Jugend als eigene Lebensformen allmählich wieder zu liquidieren und nur noch als Ideologie zu perpetuieren – dies aber in verstärktem Maße.

Als Ideologie aber ist Jugend ein unendlich gedehnter Prozess und reicht vom frühpubertierenden Model bis zur sportlich-attraktiven Mitvierzigerin. Die Möglichkeit, Fragen der Familienplanung, oft auch der Erwerbsarbeit sehr weit hinauszuschieben, verschafft auch die Möglichkeit, die damit verbundenen Vorteile von Jugendlichkeit zumindest teilweise bis ins dritte, gar vierte Lebensjahrzehnt zu leben. Die Sozialforschung hat dafür den schönen Begriff »Postadoleszenz« geprägt – nicht mehr ganz jung, aber noch immer nicht erwachsen. Und da alles in einer modernen Gesellschaft käuflich ist, ist es auch die Jugend. Mit entsprechenden Investitionen in die Gestaltung des Körpers, die Wahl der Kleidung und das Arrangement von Freizeitaktivitäten kann es gelingen, bis ins hohe Alter jung zu bleiben. Gleicht man seine kulturellen Konsumgewohnheiten darüber hinaus noch den der vermeintlichen Jugend an, dann könnte man zu dem Schluss kommen, dass Jugend schon deshalb ein immer geringeres Problem darstellt, weil sich die Grenzen zwischen den Generationen verwischen und Jugendlichkeit schlechthin zur Lebensform einer hedonistischen Gesellschaft geworden ist, die Spätpubertierende und frühe Senioren unter ein Lebenskonzept versammelt.

Interessant allerdings, dass die Gesellschaft, in der die Menschen mit der höchsten Lebenserwartung rechnen dürfen, zur Periodisierung dieses langen Lebens nur noch die Begriffe »jung« und »alt« zur Verfügung zu haben scheint. Es mag verblüffen, dass Gesellschaften mit einer wesentlich geringeren durchschnittlichen Lebenserwartung viel differenziertere Auffassungen von den Lebensaltern hatten, die ein Mensch im Laufe seines irdischen Daseins durchlaufen kann. Beliebt war etwa lange die Synchronisierung der Lebensabschnitte mit den Jahreszeiten: Frühling, Sommer, Herbst und Winter entsprachen der Kindheit, der Jugend, dem Erwachsenendasein und dem eigentlichen Alter. Manche seit der Antike tradierte Konzepte waren noch ausgefeilter und unterschieden bis zu zehn Phasen des Lebens. Der berühmte Prediger Abraham a Sancta Clara definierte diese, auf Hippokrates zurückgehende Einteilung des (männlichen) Lebens in der ihm eigenen markigen Sprache folgendermaßen: »Im siebenten Jahr zeigt sich der Verstand; im zweimal sieben d. i. im vierzehnten Jahr stüpfelt die erste Woll heraus um die Lefzen; im dreimal sieben d. i. im einundzwanzigsten Jahr wächst der Bart; in viermal sieben d. i. im achtundzwanzigsten Jahr hat der Mensch seine vollkommene Stärke; im fünfmal sieben d. i. im fünfunddreissigsten Jahr ist der Mensch in der Natur zum vollkommensten; im sechsmal sieben d. i. im zweiundvierzigsten Jahr, da hat der Mensch den allerbesten Verstand; im siebenmal sieben d. i. im neunundvierzigsten Jahr, da ist der Mensch in seinem besten Alter; im achtmal sieben d. i. im sechsundfünfzigsten Jahr, da ist der Mensch zu allen guten Rathschlägen am allertauglichsten; im neunmal sieben d. i. im dreiundsechzigsten Jahr, da nehmen die Kräfte ab; im zehenmal sieben d. i. im siebenzigsten Jahr ist meistens das End des Lebens.«[112]

Gemeinsam war diesen Modellen die Vorstellung eines großen Bogens, eines mehr oder weniger kontinuierlich gedachten Auf- und Abstiegs, Zeiten des Aufblühens, der Reife und des allmählichen Verfalls und Niedergangs. Es ist offenkundig, dass wir diesen schönen Bildern nichts mehr abgewinnen können. Galten in älteren Gesellschaften vor allem die biologische Geschlechtsreife und dann, in weiterer Folge, das Zeugen und Gebären eines Kindes als markantes Zeichen für den Eintritt ins Erwachsenenalter, ist dieses Merkmal obsolet geworden. Kinderlosigkeit ist ebenso zu einer normalen und akzeptierten Lebensform geworden wie eine sehr späte Entscheidung für Kinder. Ebenso ist der Zeitpunkt des Eintritts in das Berufsleben, der für den Status des männlichen Erwachsenen vor allem in der bürgerlichen Gesellschaft signifikant war, für die Bestimmung eines Lebensabschnitts nahezu bedeutungslos geworden. Die moderne Gesellschaft kennt den vierzehnjährigen Jungunternehmer, der gerade seine erste Million gemacht hat, genauso wie den 45-jährigen Habilitanden, der nach Jahren prekärer Projektarbeit noch immer auf seine erste wirkliche Anstellung wartet. Und nicht zuletzt gibt es keine kulturellen Codes mehr, die eine eindeutige Zuschreibung zu bestimmten Lebensaltern erlaubten. Galt lange die Erwachsenenkultur als Norm, zu der Erziehung und Bildung hinführen sollten – und solange diese Norm von einem klassischen Ideal geprägt war, bedeutete dies im Wortsinn, dass sich jeder Jugendliche mit Bildungsanspruch die Kultur der Alten, nämlich der antiken Griechen und Römer, aneignen musste –, so ist mittlerweile auch die Phase, in der dieser Kultur der Erwachsenen eine eigene jugendliche Subkultur gegenübergestellt werden konnte, vorüber. Nun ist die Jugendkultur die Norm, der sich auch die Älteren gerne unterwerfen. Das heißt aber, dass es auch hier keine Merkmale des Erwachsenseins mehr gibt. Wer lieber in der *Ilias* liest als dem Kult um die *Simpsons* zu frönen, gilt nicht als erwachsen, sondern bestenfalls als verschroben.

In der Philosophie gibt es – und diese Tradition reicht von Aristoteles über Michel de Montaigne bis zu Jean Améry, Simone de Beauvoir und Noberto Bobbio – vorerst einmal die grundsätzliche Klage über das Alter. Das Alter ist demnach die Zeit der nachlassenden Kräfte, der zunehmenden Krankheiten, des körperlichen und geistigen Verfalls, der Immobilität, der Hilfsbedürftigkeit und der Schmerzen – Tendenzen, die, so zumindest Norberto Bobbio, auch durch die moderne Medizin nicht außer Kraft gesetzt, sondern eher noch perpetuiert werden: »Kein Weiterleben, sondern ein Nicht-Sterbenkönnen.«[113] Dies hat auch das Bild des alten Menschen nachhaltig geprägt. Der Alte ist deshalb auch für manche Philosophen eine mitunter ziemlich negativ besetzte Figur. Berühmt geworden ist die Charakteristik des alten Menschen, die Aristoteles in seiner *Rhetorik* gegeben hat. Die Alten, heißt es dort, »sind übelwollend, denn es ist die Eigenart des Übelwollens, alles im Hinblick auf das Unvorteilhafte zu beurteilen. Ferner sind sie argwöhnisch aufgrund ihres Misstrauens. Misstrauisch aber sind sie aus Erfahrung [...] Ferner sind sie von niederer Gesinnung, weil sie vom Leben gedemütigt wurden [...] Ferner sind sie geldgierig; den zu den Lebensnotwendigkeiten gehört der Besitz; zugleich wissen sie aus Erfahrung, wie schwer der Erwerb und wie leicht das Verschleudern ist [...] Ferner hängen sie am Leben – und um so mehr am Ende ihrer Tage, weil die Begierde auf das tendiert, was nicht vorhanden ist, und weil man das am meisten begehrt, dessen man entbehrt [...] Weiterhin leben sie mehr in der Erinnerung als in der Hoffnung.«[114]

Der Redner, so Aristoteles, muss wissen, mit wem er es zu tun hat. Vielleicht sollten jene Kreativen, die nun aufgefordert werden, die Generation »50plus« als neue Klientel für die Werbewirtschaft zu entdecken, einmal kurz bei Aristoteles nach-schlagen, damit sie wissen, wie die neue Marktlücke, die sie nun füllen sollen, tatsächlich aussieht. Aber auch bei Michel de Montaigne können wir über das Alter noch Folgendes lesen: »Was mich betrifft, so halte ich es für gewiß, daß seit dem drei-ßigsten Jahr mein Geist und mein Körper an Stärke mehr ab-als zugenommen haben, mehr zurückgegangen als vorange-schritten sind.«[115] Und Ähnliches muss Montaigne an seiner Umgebung bemerken: »Welche Veränderungen sehe ich Tag für Tag das Altern in vielen meiner Bekannten anrichten. Es ist eine gewaltige Krankheit, die sich jedoch auf ganz natürlichem Wege einschleicht, und unmerklich.«[116] Der Prozess des Alterns erscheint so weniger als eine Lebensphase mit ihren Eigentüm-lichkeiten als vielmehr generell als eine Krankheit, die den Menschen unleidlich und unausstehlich macht.

Jean Améry wiederum schreibt in seinem Essay *Über das Altern*, dem er den Untertitel *Revolte und Resignation* gegeben hat und der ausgerechnet in jenem denkwürdigen Jahr 1968 er-schien, das auch die Parole ausgegeben hatte: Trau keinem über dreißig: »Der Alternde aber kommt immer mehr zu einem weltlosen Ich. Teils wird er *Zeit*, durch die von Erinnerungen des Geistes und des Körpers aufgesammelte Vergangenheit, teils wird er mehr und mehr zu seinem eigenen Körper […] Was früher Welt als Teil und Anteil unseres Ichs war, schrumpft mit dem welkenden Körper und durch ihn; schlimmer: es wird die klare Negation unser selbst.«[117] Améry entdeckt im Prozess des Alterns einen Mechanismus, der den Menschen in seiner Identität selbst angreift. Der Weltverlust durch die zunehmen-den Dysfunktionalitäten des Körpers führt einerseits zu einer verstärkten Konzentration auf ebendiesen Körper, der bald al-les Denken beherrscht, was wiederum dazu führt, dass der alte Mensch die Negation seiner selbst wird. All das, was ihn auch als welthaltiges Wesen ausgezeichnet hat, schrumpft auf einen

Erinnerungsrest zusammen und macht das Ich zu einem inversen Zerrbild seiner selbst.

Altern, so könnte man diese Positionen zusammenfassen, ist eine dramatische Form des Weltverlusts – in physischer und psychischer Hinsicht. Und das wirkt sich aus auf die Physiognomie und den Charakter des Alten: Er ist misstrauisch und missgünstig, störrisch und geizig, zunehmend besessen von seinem verfallenden Körper, der letztlich seinen Horizont drastisch einengt. In diesen Reflexionen spiegelt sich oft eine persönliche Erfahrung wider, die das Alter als letzte Lebensspanne, die von der peinigenden, nicht mehr zu verdrängenden Präsenz des Todes überschattet ist, beschreibt.

Es gibt aber auch einen anderen Zugang zum Alter. Es gibt seit Platon und vor allem seit Ciceros Schrift *De senectute* auch eine philosophische Tradition, die die Vorzüge des Alters preist und begrüßt. Die Strategien, die etwa Cicero, der seine Worte dem älteren Cato in den Mund legte, dabei verfolgt, sind allerdings auch für jeden rezenten Versuch, die Stellung der Senioren zu stärken, von Bedeutung. Wer immer die Position und den Einfluss älterer und alter Menschen in Politik, Kultur und Gesellschaft unterstreichen will, tut gut daran, sich dieser klassischen Argumente zu versichern. Das Alter, so Cicero, wird für ein Unglück gehalten, weil es die Menschen zur Untätigkeit verdamme, den Körper entkräfte, aller sinnlichen Freuden beraube und nah am Tode sei. Mit großem rhetorischen Aufwand und zahlreichen Beispielen aus der römischen Geschichte versuchte Cicero diese Einwände zu widerlegen, nicht ganz ohne Hintergedanken übrigens, ging es ihm doch um die politische Stärkung des Senats, der nun einmal aus alten Männern bestand. Ciceros Argumente aber sind klassisch geworden. So ist es für ihn ein nichtiger Vorwurf, wenn man dem Alter die Tüchtigkeit abspricht, da der Alte seinen Möglichkeiten gemäß sehr wohl handlungsfähig sei, wenn auch nicht gerade dort, wo eben jugendliche Kraft erforderlich sei: »Wer so etwas behauptet, der tut gerade so, als wollte er sagen, ein Steuermann sei auf der Seefahrt untätig; die einen kletterten auf die Masten, andere eilten in den Schiffsgängen hin und her, wieder andere schöpften Wasser aus – der Steuermann aber halte nur das Steuer und sitze ungestört auf dem Achterdeck. Freilich arbeitet er nicht wie die Jungen, aber das, was er tut, ist weit wichtiger und wertvoller. Bei großer Leistung kommt es nicht auf Kraft, Behendigkeit oder Schnelligkeit des Körpers an, sondern darauf, dass man klug ist, Ansehen genießt und etwas zu sagen hat: Vorzüge, die man im Alter nicht nur nicht einbüßt, sondern gewöhnlich sogar in zunehmendem Maße hat.«[118]

Cicero insistierte darauf, dass das Leben in verschiedene Abschnitte zerfällt, und jeder dieser Abschnitte hat seine eigenen Qualitäten und Bestimmungen: »Die Schwäche des Kindes, das Draufgängerische des jungen Mannes, der Ernst in bereits gesetzterem Alter und die Reife des hohen Alters haben etwas Naturgemäßes, das man zur rechten Zeit erkennen muß.«[119] Keiner dieser Lebensabschnitte ist allerdings davor gefeit, durch einen plötzlichen Tod abgeschnitten zu werden – ausgerechnet dem Alter die Nähe des Todes zum Vorwurf zu machen, ist für Cicero deshalb besonders unsinnig, da die Bedrohung durch den Tod für einen jungen Menschen viel schlimmer ist als für einen alten, dessen Leben sich einem natürlichen Ende zuneigt. Am wichtigsten ist allerdings der Einspruch gegen den Vorwurf, dass der Mensch im hohen Alter auf alle sinnlichen Vergnügungen verzichten müsse. Für Cicero kann das nur ein Grund zum Jubeln sein: »Was für ein herrliches Geschenk macht uns doch diese Altersstufe, wenn sie uns das nimmt, was der jungen Jahre verwerflichster Nachteil ist!«[120] Den sinnlichen Begierden des Menschen lastet Cicero so ziemlich alles an, was ihm ein Dorn im (politischen) Auge war: Hochverrat, Staatsumwälzungen, Unzucht, Ehebruch, Korruption. Das Greisenalter befreit den Menschen davon, mit seiner Vernunft gegen diese Begierden anzukämpfen, er kann nun, ohne von seinen Trieben negativ beeinflusst zu sein, der Stimme der Vernunft gehorchen. Und Cicero schließt diese Überlegungen mit folgenden Worten: »Wozu erzähle ich das alles? Nun, ich wollte euch nur klar machen, daß wir auch dann, wenn uns Verstand und Wissen nicht in die Lage setzten, die Sinnenlust abzulehnen, dem hohen Alter äußerst dankbar sein müßten, weil wir es dann ihm gutzuschreiben hätten, daß wir frei waren von einem leidenschaftlichen Verlangen, das von Übel ist. Denn die Lust hindert vernünftiges Denken, sie ist eine Feindin des Verstandes, sie bindet sozusagen dem Geist die Augen zu und hat keinerlei Berührungspunkte mit der Tugend.«[121]

Cicero hat damit eine Argumentation vorgegeben, die die philosophische Verteidigung des Alters überhaupt bestimmt und die dann doch einigermaßen quer steht zu unseren Versuchen, das Alter gerade als eine Lebensphase darzustellen, in der Genuss- und Orgasmusfähigkeit nicht nur möglich, sondern auch wünschenswert sind und durch die Hilfe chemischer Unterstützung auch garantiert werden können. Im Nachlassen der Begierden lag für viele Philosophen aber der entscheidende, vielleicht der einzige Vorzug des Alters. Warum? Das Alter kann unter bestimmten Voraussetzungen einen Zugewinn an Freiheit darstellen, da eine Reihe von Triebregungen, von Wünschen, von Karrierezielen, von Rücksichtnahmen keine Rolle mehr spielt. Erst das Erlöschen des Geschlechtstriebes, der den Menschen permanent in einen »gelinden Wahnsinn« versetzt, ermöglicht es, dass der Mensch endlich »ganz vernünftig werde« – so Arthur Schopenhauer in seinen *Aphorismen zur Lebensweisheit*, ohne nicht lebensklug hinzuzusetzen: »Von der Venus entlassen, wird man gern eine Aufheiterung beim Bacchus suchen.«[122] Einmal vorausgesetzt, dass der alte Mensch weder an Demenz noch an Alzheimer oder ähnlichen Krankheiten leidet, steht ihm, bei allen körperlichen Einschränkungen, etwas offen, woran er zuvor durch die Notwendigkeiten und Begierden des Leibes, des Lebens und der Gesellschaft immer wieder gehindert worden war: das Abenteuer des Geistes. »Denn wisse: je mehr mir all die übrigen Freuden im Körper absterben, um so mehr wachsen Lust und Freude an guter Unterhaltung«, lässt Platon einen Hochbetagten die Vorzüge des Alters preisen.[123]

Tatsächlich ist die Philosophie an diesem Aspekt des Alters ganz besonders interessiert. Denn wenn die These stimmt, dass die Leidenschaften das Denken korrumpieren, das Alter die Leidenschaften aber erkalten lässt, dann müsste dies für das Denken selbst von außerordentlicher Bedeutung sein. Der mittlerweile hochbetagte Philosoph Odo Marquard, immer schon für seine pointierten Formulierungen bekannt, hat in diesem Zusammenhang zugespitzt von einer besonderen »Theoriefähigkeit des Alters« gesprochen: »Theorie meint dabei: sehen und sagen, wie es ist. Theoriefähigkeit ist dementsprechend die Fähigkeit, illusionsresistent zu sehen und zu sagen: so ist es.«[124] Marquards These lautet dann auch: »Alte Menschen sind in besonderem Maße theoriefähig; denn zum Alter gehört – mindestens – das Ende jener Illusionen, die durch Zukunftskonformismen entstehen.«[125] Und dies bedeutet: Die Theorie »muß auf immer weniger Zukunft Rücksicht nehmen. Darum kann sie immer ungehemmter sehen und sagen, was ist: vor allem auch das, was nicht in den Kram paßt.«[126] Die einzige Tugend des Alters, so ließe sich daraus folgern, ist so etwas wie eine intellektuelle Rücksichtslosigkeit: »Im Alter schrumpft die eigene Zukunft gegen Null. Dadurch können die Zukunftskonformismen ebenfalls gegen Null schrumpfen. So können die Rücksichten nicht allein beim Hinsehen, sondern auch beim Sagen peu à peu entfallen. Alte Menschen können unbekümmerter nicht nur merken, sondern auch reden. Zuweilen verfügen sie über eine solide Schandmaulkompetenz. Man braucht im Alter keinen Mut mehr, um in Fettnäpfchen zu treten, weil man nicht mehr genug Zukunft hat, um wiedergetreten werden zu können.«[127]

Das klingt plausibel, aber warum merkt man in den politischen, ästhetischen und wissenschaftlichen Diskursen so wenig von dieser Unbestechlichkeit und Rücksichtslosigkeit? Vielleicht ist die über ein Leben geübte Zukunftskonformität schon so zur zweiten Natur geworden, dass auch der Verlust von Zukunft keine neuen Energien mehr freisetzt. Und es darf nicht darüber hinweggesehen werden, dass diese »Schandmaulkompetenz«, auch wenn sie sich artikuliert, in der Gesellschaft nicht allzu ernst genommen wird: »Außerdem ist die Rede der Alten Rede auf Abruf: sie – die alsbald vergessen sein wird – hat weniger das Gewicht letzter Worte, vielmehr die Gewichtslosigkeit von Hinterlassenschaften mit nur noch begrenzter Haltbarkeit. Im Alter kann man das ausnutzen: man kann ungehemmt merken und reden und schreiben und dabei das eigene Taktbedürfnis einschläfern und dadurch zuweilen schamlos offen sein. Auch das radikalisiert die Theoriefähigkeit des Alters.«[128]

Vor allem aber ist dieser frechen Theoriefähigkeit des Alters einschränkend ein Gedanke hinzuzufügen, den vielleicht Jean Améry eindringlich wie niemand sonst reflektiert und formuliert hat: Alt werden bedeutet, der Welt immer fremder zu werden. Der Alte »versteht die Welt nicht mehr; die Welt, die er versteht, ist nicht mehr«.[129] Wer aber nicht mehr versteht, kann auch keine triftige Theorie mehr bilden. Améry hat dieses Phänomen das »kulturelle Altwerden« genannt, und es ist das eigentliche Schreckgespenst jener Fitnessideologien, denen sich der alternde Mensch heute zu beugen hat. Niemand darf sich eingestehen oder gar sich dazu bekennen, dass er geistig mit den Entwicklungen seiner Zeit nicht mehr mithalten kann, dass er nicht mehr versteht, um was es geht, dass er fremd in seinem eigenen Land, seiner Sprache, seiner Kultur geworden ist. Diese »kulturelle Entfremdung«, diese »kulturelle Alienation« ist nach Améry nicht anders zu deuten als durch die Schwierigkeit, »sich in einer unbekannten Ordnung von Zeichen, ja unter ganz neuen Signalen zurechtzufinden«.[130] In dem Maße, in dem »der Alternde versucht, die kulturellen Erscheinungen dieser Zeit nach den Bezugspunkten der Vergangenheit, die *seine* Zeit war, weil sie ihm Zukunft, Welt und Raum versprach, zu situieren, wird er seiner Epoche fremder«.

Wir denken uns den Fremden immer als den, der von außen, von woanders, aus einer anderen Welt und Kultur kommt. Der alte Mensch ist der Fremde, der aus dem Innen einer Kultur kommt, aus ihrem Zentrum, das er verloren hat. Das, was er repräsentiert, ist nicht die Ferne des Raumes, sondern die Ferne der Zeit. Verzweifelt, so Améry höchst anschaulich, irrt der alternde Mensch »durch das Gestrüpp neuer Tonfolgen, instrumentaler oder konkreter, gleichviel, neuer Wort- und Satzgebilde«. Das führt, gerade im intellektuellen und kulturellen Bereich zu jenem oft bemerkten Phänomen, dass alternde ehemalige Revolutionäre und Avantgardisten plötzlich reaktionär zu werden scheinen – Améry nennt etwa den Maler Oskar Kokoschka. Das stimmt aber nicht: Sie werden nicht reaktionär, sondern sie halten nur an dem fest, was sie in ihrer Jugend für den Fortschritt gehalten haben. Das macht manchmal einen durchaus tragischen Eindruck; versucht hingegen der Alternde, die neue Zeit, die er nicht wirklich versteht, trotzdem zu affirmieren, um nur ja nicht als gestrig zu erscheinen, ist der Effekt allerdings weniger tragisch denn komisch. Gelänge es hingegen, der Fremdheit des Alters inmitten einer zukunfts- und jugendorientierten Kultur auch nur einen Hauch jener Aura zu verleihen, mit der das liberale Denken das ethnisch oder kulturell verstandene Fremde gerne umgibt, könnte dies einen ersten Ansatz darstellen, um die Befremdlichkeit, mit der die Alten sich in einer Welt bewegen, die sie nicht mehr ganz verstehen, als kritisches Potenzial für das Verstehen ebendieser Welt wiederzuentdecken.

Der Alte lebt in und von einer Vergangenheit, die ihm in der Gegenwart nichts mehr hilft. Und er hat keine Perspektive mehr. Damit ist aber auch ein Aspekt benannt, der ins Zentrum einer jeden Philosophie des Alters rücken muss: Alt werden bedeutet, immer weniger, am Ende keine Zukunft mehr zu haben. Arthur Schopenhauer hat diesen Aspekt schon deutlich hervorgehoben: »Vom Standpunkte der Jugend aus gesehn, ist das Leben eine unendlich lange Zukunft, vom Standpunkt des Alters aus eine sehr kurze Vergangenheit.«[131] Ähnlich formulierte es André Gorz in seinem Essay *Über das Altern*, den er im Alter von 36 Jahren geschrieben hatte: »Das Altern ist die Erfahrung, dass du nicht mehr zu denen gehörst, die eine Zukunft und die Zeit für sich haben.«[132] Diese Überlegung verdeutlicht allerdings, dass das Altern auch als ein Prozess verstanden werden kann, der nicht abrupt, sondern schleichend einsetzt, und dies lange bevor die physischen Anzeichen des Alters unübersehbar werden. Wenn die Zeit des Wachsens vorüber ist und der Erwachsene etwas vorzuweisen hat, an das zu erinnern sich lohnt, beginnt die Phase des Alterns. Unter diesem Gesichtspunkt gewinnt das Alter auch und gerade dann, wenn die physischen und psychischen Funktionen noch einigermaßen intakt sind, eine eigenständige Dimension: Es ist – notwendigerweise – das Leben aus der Erinnerung. In frühen Gesellschaften war diese Existenzform selten und kostbar: Erinnerungen bedeuteten auch praktische und theoretische Erfahrungen, die weitergegeben werden konnten. Heute ist diese Existenzform allgegenwärtig und wertlos: In einer rasch sich wandelnden Welt haben Erfahrungen und Erinnerungen drastisch an Bedeutung verloren. Das aber bedeutet: Wohl hat das Alter in dem Sinne Zukunft, dass in Zukunft die alten Menschen die absolute Mehrheit der Gesellschaft ausmachen werden; aber auch diese Menschen werden, was immer ihnen auch versprochen wird, keine Zukunft als alte Menschen haben, und dies nicht zuletzt deshalb, weil den Vorzügen des Alters kaum Chancen eingeräumt werden.

Ablesbar wird diese Konstellation etwa an der Bedeutungs- und Plausibilitätseinbuße, die der Begriff der Altersweisheit in den letzten Jahrzehnten erlebt hat. Zum einen könnte man damit jene spezifische Form von Gelassenheit charakterisieren, deren Kennzeichen die sukzessive Entbindung vom Leben ist. Interpretiert man wie Odo Marquard das Altern als eine Form der Distanznahme zum Leben, die nicht nur Verlust, sondern auch Freiheit von jenen Begierden und Verschränkungen, die ansonsten das Leben determinieren, bedeutet, dann läge darin eine notwendige, aber noch keine hinreichende Bedingung für das, was wir Altersweisheit nennen könnten. Um diese Distanzierung allerdings in Weisheit umschlagen zu lassen, muss sie formuliert und auf das Leben der noch nicht Alten appliziert werden. Je stärker die Lebensverhältnisse allerdings dies hintertreiben, desto unwahrscheinlicher wird die Möglichkeit von Altersweisheit. Aus der Distanziertheit erwächst keine Kraft mehr, sondern, wie von Jean Améry bemerkt, nur noch kulturelle Fremdheit. Deren Schwundstufe ist dann die Schrulligkeit der Alten. Zum anderen aber ist Altersweisheit die Summe der Erfahrungen und Kenntnisse eines Lebens, die weitergegeben werden kann, will und muss. Voraussetzung dafür ist allerdings ein Gesellschaftstyp, der einer Tradierung solcher Lebenserfahrung nicht entbehren kann – wenn man so will, ist Altersweisheit eine spezifische Form der Wissensakkumulation für traditionale Gesellschaften. Moderne Gesellschaften verstehen sich als Gesellschaften ohne Tradition. Ihr Kennzeichen ist nicht die Reproduktion von Erfahrungen, sondern die permanente Produktion von Neuem auf allen Gebieten: der Technologien, der Lebensformen, der Moden, der Verhaltensweisen, der Kunst. Altersweisheit heute ist unmöglich geworden, weil sie kein Wissen von Lebenszusammenhängen mehr vermitteln kann. Was immer die Alten wissen – ihre Kenntnisse von Arbeitsprozessen, ihr Denken, ihre Lebens- und Moralvorstellungen, ihre Wertsysteme haben keine Bedeutung für den Zustand, in dem sich die moderne Gesellschaft gerade befindet, da es als hoffnungslos veraltet gilt. »Die heutige Gesellschaft«, schrieb schon Simone de Beauvoir, »weit davon entfernt, dem alten Menschen sein biologisches Schicksal zu erleichtern, indem sie ihm eine postume Zukunft zusichert (durch das Überleben seiner Werke und Erfahrungen in der nächsten Generation, Anm. K. P. L.), stößt ihn noch zu Lebzeiten in eine bereits überschrittene Vergangenheit zurück. Die Akzeleration der Geschichte hat die Beziehung des alten Menschen zu seinen Tätigkeiten zutiefst erschüttert.«[133]

Man könnte diesen Sachverhalt auch so formulieren: Das Alter beginnt, wenn die erwartbare Zeit, die vor einem liegt, gegenüber der erinnerten Zeit, die hinter einem liegt, deutlich abnimmt. Jung sein bedeutet, zu allem, was sich anbietet, sagen zu können: jetzt nicht, aber später. Alt werden bedeutet, immer weniger Optionen zu haben, die aufgeschoben werden können. Was man noch tun kann, muss man jetzt tun, denn ein andermal wird es nicht mehr geben. Das aber bedeutet, und Schopenhauer hatte es richtig erkannt, dass entgegen einem weitverbreiteten Vorurteil zumindest das einigermaßen gesunde Alter kaum die Last der Langeweile kennt, unter der die Jugend so sehr zu leiden hat: »Greisen wird die Zeit stets zu kurz und die Tage fliegen pfeilschnell vorüber.«[134]

Die Gegenwart, die sich im Modus der Beschleunigung befindet, hat all diese Aspekte noch verstärkt. Während demografisch die Alten zunehmen und längst die Mehrheit stellen, dominiert in Kultur und Werbung, in Technik und Medien, in Wirtschaft und Gesellschaft die Jugend. Gegenwärtig bedeutet Altsein, alles Angeeignete vergessen zu müssen, während Jungsein heißt, nichts mehr lernen zu müssen, was von Dauer sein könnte. Zum ersten Mal hat Jugend einen Vorsprung kraft ihrer Defizite. Je rascher sich eine Gesellschaft verändert, desto größer sind die Chancen derjenigen, die noch keine oder nur wenige Veränderungen verarbeiten müssen. Das bedeutet in der Tat, dass zum ersten Mal in der Geschichte die Alten von den Jungen in einem faktischen und nicht nur in einem metaphorischen Sinne lernen müssen. Erwachsensein bedeutet heute, sich jene Techniken und Kompetenzen mehr oder weniger mühsam anzueignen, die angeblich die Jugend spielerisch schon wieder hinter sich gelassen hat. Norberto Bobbio hat dies klar gesehen: »Der alte Mensch wird immer mehr zu dem, der kein Wissen hat, vergleicht man ihn mit den Jungen, die bereits mehr Wissen haben als er, und nicht zuletzt deshalb mehr wissen können.«[135] Erwachsensein bedeutet deshalb heute, sich selbst eine Last zu werden. Das Konzept des lebenslangen Lernens macht tatsächlich Erwachsene in einem gewissen Sinn wieder zu Kindern, ohne dass sie die Zukunft von Kindern hätten. Der klassische Bildungsbegriff, der die geistige, seelische und kulturelle Selbstformung des Menschen als Selbstzweck intendierte, entspräche deshalb den legitimen Bildungsinteressen alternder Menschen viel besser als ein auf Effizienz, Employability und Funktionalität abgestimmter Lernbegriff, der unsere Bildungsinstitutionen dominiert.

Unter aktuellen Bedingungen besteht die einzige Chance der Alten darin, nicht zu altern. Eine Zukunft wird das Alter nur haben können, wenn es sich selbst nicht als Alter, sondern als eine späte Variante der Jugend auffasst. Und genau dies ist die unausgesprochene Zumutung, die eine moderne Gesellschaft an ihre Alten stellt: dass sie jung bleiben. Die Verlänge-rung der Jugend bis ins hohe Alter – durch Mode, Chirurgie, Mobilität, lebenslanges Lernen, Fitnesstraining und eine oft nur inszenierte Aufgeschlossenheit gegenüber den Errungen-schaften der Gegenwart – gehört nicht nur zur Ideologie einer schicken Werbeindustrie, sondern stellt zunehmend eine Not-wendigkeit des sozialen Lebens dar. Kontrastiert man die philo-sophischen Überlegungen zum Alter mit den aktuellen Bildern vom rüstigen Senior und von der aktiven Generation »50plus«, aber auch mit den Anti-Aging-Strategien und den Program-men, die *forever young* versprechen, dann wird klar: Wir dür-fen gar nicht alt werden. Das Alter erscheint als ein Zustand, in dem wir noch immer jung sein können, ja müssen. Wir wollen nicht in Würde altern, wir wollen nicht in einer körperlichen und geistigen Verfassung altern, die uns die Vorzüge und Mög-lichkeiten des Alters leben und erleben ließe, sondern wir wol-len gar nicht altern. Alles, was die Verlängerung und Wieder-gewinnung von Jugendlichkeit verspricht, hat nicht nur in der Pharmaindustrie Konjunktur. Solch eine Haltung ist verständ-lich, sie bestätigt letztlich jene philosophische Position, die eine grundsätzlich defizitäre Struktur des Alters beklagt. Den-noch führt sie in die Irre. Denn in dem Maße, in dem die Alten nicht altern dürfen, verlieren sie die Vorteile, die das Altern bie-tet, ohne die Chancen der Jugend noch in Anspruch nehmen zu dürfen. Besser wäre es, sich auf die Qualitäten, die Beson-derheiten und die Möglichkeiten des Alters als Alter zu besin-nen, anstatt Jugendlichkeit dort zu simulieren, wo es schlech-terdings nicht mehr geht. Auch für das, was gegenwärtig unter dem Titel Generationengerechtigkeit diskutiert wird, wäre die Einsicht in den Wert des Alters hilfreich. Denn im Gegensatz zur Zugehörigkeit zu einer sozialen Schicht, durch die man ein ganzes Leben lang bestimmt sein kann, bleibt niemand immer jung. Wer heute jung ist und seinen Teil einfordert, wird morgen alt sein und die Jungen, die nun den ihrigen fordern, nicht mehr verstehen. Von allen Grenzen ist die zwischen Jung und Alt zu einer der merkwürdigsten geworden. Sie scheint so unsichtbar und ist doch so unerbittlich. Aber es ist jene Grenze, die man erst bemerkt, wenn man sie schon überschritten hat. Und es ist jene Grenze, die man nur in einer Richtung überschreiten kann. Allen Phantasien von einem Jungbrunnen zum Trotz: Es gibt kein Zurück mehr, nur noch ein Weiter. Bis hin an das Äußerste, das Ende. Dieses aber, wenn es denn ein Ende ist, macht alles, auch alle Grenzen obsolet.

Drucknachweise

Die Kapitel dieses Buches gehen auf verschiedene Texte zurück, die aus unterschiedlichen Anlässen über einen größeren Zeitraum hinweg entstanden sind. Oft aufgrund von Vortragseinladungen verfasst, zeigte es sich, dass die Frage der Grenze in einem begriffsschärfenden und in einem lebensweltlich-politischen Sinn manche dieser Texte und Reden verband. Es lag also nahe, diese Arbeiten, die auch als Diagnose unserer Zeit gelesen werden können, zu versammeln und in eine sinnfällige Beziehung zueinander zu setzen. Obgleich viele dieser Arbeiten schon an unterschiedlichen Orten publiziert worden sind, ergibt sich – so hofft es zumindest der Autor – aus ihrem Zusammenführen eine neue Stringenz und Plausibilität. Für den vorliegenden Band wurden alle Texte durchgesehen, bearbeitet und zum Teil gravierend verändert, mitunter gekürzt, an manchen Stellen aber auch erweitert und aktualisiert. Dennoch sei der Vollständigkeit halber auf die ursprünglichen Publikationsorte verwiesen.

Vorwort
Gekürzte und veränderte Fassung von: Die Krise in der Krise, oder: Wie krank ist das System? In: *Der Standard,* 20. Juni 2009, S. 34f.

Am Anfang
Erstmals publiziert unter dem Titel: Am Anfang. Nachdenken über das Beginnen. In: Irmgard Bohunovsky-Bärnthaler (Hrsg.): Die Idee vom Anfang. Mythos und Folgen, Klagenfurt 2008, S. 12–30

Hier und nicht dort
Erstmals publiziert unter: Grenzen und Grenzüberschreitungen. In: Erhard Busek (Hrsg.): Grenzen und Grenzüberschreitungen. Europäisches Forum Alpbach 2004, Wien 2005, S. 12–28

Der Riss im Zaun
Erstmals publiziert unter: Der Riss im Zaun. Neues aus dem Menschenpark. In: Marc Jongen / Sjoerd van Tuinen / Koenraad Hemelsoet (Hrsg.): Die Vermessung des Ungeheuren. Philosophie nach Peter Sloterdijk, München 2009, S. 431–443

Der Wert des Menschen
Erstmals publiziert unter: Der Wert des Menschen. An den Grenzen des
Humanen. In: Konrad Paul Liessmann (Hrsg.): Der Wert des Menschen.
An den Grenzen des Humanen, Wien 2006, S. 7–20

Der Staat
Erstmals publiziert unter: Der Staat. Wie viel Herrschaft braucht der
Mensch. In: Konrad Paul Liessmann (Hrsg.): Der Staat. Wie viel Herrschaft
braucht der Mensch, Wien 2011, S. 7–25

Der offene Kontinent
Erstmals publiziert unter: Europa als potenzielle Gemeinschaft – Vom
Widerspruch der »Wertegemeinschaft«. In: Michael M. Thoss / Christina
Weiss (Hrsg.): Das Ende der Gewissheiten. Reden über Europa, München
2009, S. 37–46

Mit Unsicherheiten leben
Erstmals publiziert unter: Die visionslose Gesellschaft – Mit Unsicherheiten
leben. In: Othmar Ederer / Manfred Prisching (Hrsg.): Die unsichere
Gesellschaft. Risiken, Trends, Zukünfte, Graz 2003, S. 65–78

Der Geschmack der Nachhaltigkeit
Erstmals publiziert unter: Nachhaltigkeit. Eine Geschmacksfrage. In:
Konstruktiv 281/2011, S. 8–11

Urbanität
Vortrag auf Einladung des österreichischen Städtetages, gehalten am
26. Mai 2010 in Villach; unveröffentlicht, erscheint auch in: *Kunstforum
International* 3/2012

Lärm
Vortrag auf Einladung der »Hörstadt Linz«, gehalten beim Symposion
»Hören und Gehorchen« am 20. Juni 2011 in Linz; unveröffentlicht

Freiwillige vor!
Vortrag, gehalten beim Medienempfang der Vorarlberger Landesregierung
am 17. Jänner 2011 im Festspielhaus Bregenz, unveröffentlicht. Einige
Überlegungen gehen zurück auf: Konrad Paul Liessmann: Im Schweiße
deines Angesichts. Zum Begriff der Arbeit in den anthropologischen
Konzepten der Moderne. In: Ulrich Beck (Hrsg.): Die Zukunft von Arbeit
und Demokratie, Frankfurt a. M. 1999, S. 85–107

Am Ende
Erstmals publiziert unter: Schandmaulkompetenz. Eine kleine Philosophie
des Alters. In: Ursula Klingenböck / Meta Niederkorn-Bruck / Martin
Scheutz (Hrsg.): Alter(n) hat Zukunft. Alterskonzepte, Innsbruck 2009,
S. 18–29

Anmerkungen

1 Aurelius Augustinus: Bekenntnisse. Eingeleitet und übertragen von Wilhelm Thimme, Stuttgart 1977, S. 331

2 Hannah Arendt: Vita activa oder Vom tätigen Leben, München 1981, S. 166

3 Arendt, Vita activa, S. 15f.

4 Karl Marx: Der achtzehnte Brumaire des Louis Bonaparte. MEW 8, S. 115

5 Arendt, Vita activa, S. 165

6 Arendt, Vita activa, S. 166f.

7 Arendt, Vita activa, S. 165ff.

8 Johann Wolfgang von Goethe: Faust I, V. 1225ff.

9 Georg Wilhelm Friedrich Hegel: Wissenschaft der Logik I. Werke in zwanzig Bänden, Frankfurt a. M. 1970, Bd. 5, S. 73

10 Hegel, Logik I, S. 82f.

11 Georg Simmel: Zur Philosophie der Kunst. Philosophische und kunst-philosophische Aufsätze, Potsdam 1922, S. 46

12 Simmel, Philosophie der Kunst, S. 47

13 Simmel, Philosophie der Kunst, S. 50

14 Simmel, Philosophie der Kunst, S. 50

15 Spinozas Briefwechsel. Verdeutscht und mit einer Einleitung und Anmerkungen versehen von J. Stern, Leipzig 1904, S. 201

16 Immanuel Kant: Kritik der reinen Vernunft. Werkausgabe, hrsg. von Wilhelm Weischedel, Bd. IV, Frankfurt a. M. 1974, S. 519f.

17 Ludwig Wittgenstein: Tractatus logico-philosophicus, Frankfurt a. M. 1977, S. 7

18 Wittgenstein, Tractatus, S. 89

19 Hegel, Logik I, S. 145

20 Hegel, Logik I, S. 144

21 Hegel, Logik I, S. 144

22 Thomas Hobbes: Leviathan oder Stoff, Form und Gewalt eines kirch-lichen und bürgerlichen Staates, Frankfurt a. M. 1984, S. 97

23 Ernst Ulrich von Weizsäcker: Gedanken über den Nutzen von Grenzen. In: Wolfgang Hogrebe (Hrsg.): Grenzen und Grenzüber-schreitungen. XIX. Deutscher Kongress für Philosophie, Berlin 2004, S. 453f.

24 Richard Heinrich: Die Grenze zwischen Scharfsinn und Stumpfsinn. In: Rüdiger Görner / Suzanne Kirkbright (Hrsg.): Nachdenken über Grenzen, München 1999, S. 34ff.

25 Heinrich, Die Grenze zwischen Scharfsinn und Stumpfsinn, S. 37

26 Hegel, Vorlesungen über die Ästhetik I. Werke in zwanzig Bänden, Frankfurt a. M. 1970, Bd. 13, S. 111

27 Genesis 1, 27

28 Peter Sloterdijk: Regeln für den Menschenpark. Ein Antwortschreiben zu Heideggers Brief über den Humanismus, Frankfurt a. M. 1999, S. 44ff.

29 Giovanni Pico della Mirandola: Über die Würde des Menschen (De hominis dignitate, 1485), hrsg. von A. Buck, Hamburg 1990, S. 5f.

30 Friedrich Nietzsche: Sämtliche Werke. Kritische Studienausgabe in 15 Einzelbänden, hrsg. von G. Colli und M. Montinari (KSA), München 1988, Bd. 11, S. 125

31 Günther Anders (unter: Günther Stern): »Pathologie de la Liberté«. In: Recherches Philosophiques 6 (1936), S. 22 (Übersetzung: Werner Reimann)

32 Michel Foucault: Technologien des Selbst. Hrsg. von L. H. Martin, H. Gutman und P. H. Hutton, Frankfurt a. M. 1993

33 2. Korinther 5, 17

34 Sloterdijk, Regeln für den Menschenpark, S. 40f.

35 Heinrich Müller: Geistliche Erquickstunden (1664), zit. nach Karol Sauerland: Christus als Herkules oder Der Arbeiter als Neuer Mensch, in: N. Lepp, M. Roth, K. Vogel (Hrsg.): Der Neue Mensch. Obsessionen des 20. Jahrhunderts, Ostfildern-Ruit 1999, S. 49

36 Sloterdijk, Regeln für den Menschenpark, S. 41

37 Zit. nach Sauerland: Christus als Herkules, S. 54

38 Peter Sloterdijk: Du mußt dein Leben ändern. Über Anthropotechnik, Frankfurt a. M. 2009, S. 630f.

39 Sloterdijk, Du mußt dein Leben ändern, S. 629

40 Gereon Uerz: Übermorgen. Zukunftsvorstellungen als Elemente der gesellschaftlichen Konstruktion der Wirklichkeit, München 2006, S. 391ff.

41 Günther Anders: Die Antiquiertheit des Menschen I, München 1956, S. 50

42 Anders, Die Antiquiertheit des Menschen I, S. 41

43 Stanisław Lem: Summa technologiae, Frankfurt a. M. ²1982, S. 575

44 Donna Haraway: Die Neuerfindung der Natur. Primaten, Cyborgs und Frauen, Frankfurt a. M. / New York 2001

45 www.unwortdesjahres.net/index.php?id=18 (abgerufen am 7. April 2012)

46 Hobbes, Leviathan, S. 67

47 Immanuel Kant: Die Metaphysik der Sitten. Werkausgabe, hrsg. von Wilhelm Weischedel, Frankfurt a. M. 1979, Bd. VIII, S. 568f.

48 Kant, Metaphysik der Sitten, S. 571

49 Kant, Metaphysik der Sitten, S. 329

50 Kant, Metaphysik der Sitten, S. 393

51 Kant, Metaphysik der Sitten, S. 555

52 Arnd Pollmann: Würde nach Maß. In: Deutsche Zeitschrift für Philosophie 4/2005, S. 619

53 Merkur. Deutsche Zeitschrift für europäisches Denken, Heft 9/10, 2010

54 Der Spiegel 37/2010, Titelseite

55 Thomas Hobbes: Elemente der Philosophie III: Vom Bürger, Hamburg 1994, S. 59f.

56 Hobbes, Leviathan, S. 67

57 Hobbes, Leviathan, S. 95ff.

58 Hobbes, Leviathan, S. 171

59 Ilija Trojanow / Juli Zeh: Angriff auf die Freiheit. Sicherheitswahn, Überwachungsstaat und der Abbau bürgerlicher Rechte, München 2009

60 G. W. F. Hegel: Frühe Schriften. Werke in zwanzig Bänden, Frankfurt a. M. 1971, Bd. 1, S. 234ff.

61 Michail Bakunin: Staatlichkeit und Anarchie, Frankfurt a. M. 1972, S. 439f.

62 MEW 19, S. 223f.

63 Michael S. Assländer: Freiheit ist kein Selbstzweck. Adam Smith. In: Merkur 9/10, September/Oktober 2010, S. 781

64 Adam Smith: Der Wohlstand der Nationen, München 1978, S. 371f.

65 Smith, Wohlstand, S. 646

66 Wolfgang Fach: Staatskörperkultur. Ein Traktat über den schlanken Staat. In: Ulrich Bröckling u. a. (Hrsg.): Gouvernementalität, Frankfurt a. M. 2000, S. 110f.

67 Hobbes, Leviathan, S. 185f.

68 Fach, Staatskörperkultur, S. 111

69 G. W. F. Hegel: Grundlinien der Philosophie des Rechts. Werke in zwanzig Bänden, Frankfurt a. M. 1971, Bd. 7, S. 398ff.

70 Thomas Meyer: Die Identität Europas, Frankfurt a. M. 2004, S. 168

71 Ferdinand Tönnies: Gemeinschaft und Gesellschaft. Grundbegriffe der reinen Soziologie (1887), Neuausgabe Darmstadt 1991, S. 12

72 Tönnies, Gemeinschaft und Gesellschaft, S. 18f.

73 Tönnies, Gemeinschaft und Gesellschaft, S. 48

74 Tönnies, Gemeinschaft und Gesellschaft, S. 37

75 Joseph de La Vega: Die Verwirrung der Verwirrungen. Vier Dialoge über die Börse in Amsterdam, Kulmbach 2000, S. 66f.

76 Georg Simmel: Philosophie des Geldes. Zweite, vermehrte Auflage, Leipzig 1907, S. 269ff.

77 Niklas Luhmann: Soziologie des Risikos, Berlin / New York 1991, S. 30f.

78 Luhmann, Soziologie des Risikos, S. 103

79 Blaise Pascal: Gedanken, übertragen von Wolfgang Rüttenauer, Basel o.J., S. 43f.

80 Georg Simmel: Alpenreisen. In: Die Zeit, Wiener Wochenschrift für Politik, Volkswirtschaft, Wissenschaft und Kunst, hrsg. von Isidor Singer, Hermann Bahr, Heinrich Kanner u. a., 4. Bd., Ausgabe vom 13. Juli 1895, Wien, S. 24

81 Luhmann, Soziologie des Risikos, S. 41ff.

82 Ulrich Greiner: Die Idee der Nachhaltigkeit als zivilisatorischer Entwurf. In: Aus Politik und Zeitgeschichte, Bd. 24/2001, S. 4

83 Jacob und Wilhelm Grimm: Deutsches Wörterbuch, München 1991, Bd. 13, Sp. 69

84 Hans Jonas: Das Prinzip Verantwortung. Versuch einer Ethik für die technologische Zivilisation, Frankfurt a. M. 1979, S. 35

85 Jonas, Prinzip Verantwortung, S. 36

86 Jonas, Prinzip Verantwortung, S. 36f.

87 Thukydides: Der Peloponnesische Krieg II, 41,4

88 Bertolt Brecht: Gesammelte Werke, Frankfurt a. M. 1982, Bd. 9, S. 724

89 Alexander Kluge: Die Lücke, die der Teufel lässt, Frankfurt a. M. 2003, S. 174

90 Tutzinger Manifest. www.burg-halle.de/~pluckner/TutzingA.htm (abgerufen am 14. 2. 2011)

91 Vgl. dazu auch Hildegard Kurt / Bernd Wagner (Hrsg.): Kultur – Kunst – Nachhaltigkeit. Die Bedeutung von Kultur für das Leitbild Nachhaltige Entwicklung, Essen 2002

92 Thomas Roithner: Der Krieg als Chamäleon. In: Österreichisches Studienzentrum für Frieden und Konfliktlösung (Hrsg.): Söldner, Schurken, Seepiraten, Wien 2010, S. 9

93 Johann Wolfgang von Goethe: Faust I, Vorspiel auf dem Theater, V. 242

94 Karl Rosenkranz: Ästhetik des Häßlichen, Darmstadt 1979 (Reprint Königsberg 1853), S. 314

95 Karl Kraus: Pro domo et mundo. Schriften, hrsg. von Christian
    Wagenknecht, Frankfurt a. M. 1986, Bd. 8., S. 209

96 Ludwig van Beethoven: Fidelio. Hrsg. von Attila Csampai und Diet-
    mar Holland, Reinbek 1981, S. 62

97 Sieglinde Geisel: Nur im Weltall ist es wirklich still. Vom Lärm und
    der Sehnsucht nach Stille, Berlin 2010

98 Blaise Pascal: Gedanken über die Religion und einige andere Gegen-
    stände. Aus dem Französischen übersetzt von Karl Adolf Blech, Berlin
    1840, S. 141

99 Immanuel Kant: Kritik der Urteilskraft. Werkausgabe, hrsg. von
    Wilhelm Weischedel, Frankfurt a. M. 1977, Bd. X, S. 270

100 Arthur Schopenhauer: Parerga und Paralipomena II. Sämtliche Werke,
    hrsg. von Wolfgang Freiherr von Löhneysen, Frankfurt a. M. 1986,
    Bd. V, S. 754

101 Dieses und die folgenden Zitate: Schopenhauer, Parerga und Para-
    lipomena II, S. 754f.

102 Friedrich Nietzsche: Also sprach Zarathustra, KSA 4, S. 282 und
    S. 65

103 Søren Kierkegaard: Entweder-Oder II/1. Gesammelte Werke, hrsg.
    von Emanuel Hirsch und Hayo Gerdes, Gütersloh 1980, S. 152

104 Günther Anders: Die Antiquiertheit des Menschen II, München 1980,
    S. 261

105 www.bmask.gv.at/cms/site/attachments/9/4/9/CH0808/
    CMS1264675701375/ep-harkin-papier.pdf (abgerufen am 15. 1. 2011)

106 Arendt, Vita activa, S. 78ff.

107 Friedrich Nietzsche: Menschliches Allzumenschliches, KSA 2, S. 623f.

108 Nietzsche, Menschliches Allzumenschliches, S. 556f.

109 Arendt, Vita activa, S. 314

110 Der Standard, 5. 11. 2011 (http://derstandard.at/1322872917688/
    Sozialjahr-fuer-Pensionisten-Wie-aus-einem-garstigen-Rentner-ein-
    netter-Mensch-wird)

111 Philippe Ariès: Die Erfindung der Kindheit, München 1982

112 Wilhelm Wackernagel: Die Lebensalter. Ein Beitrag zur vergleichen-
    den Sitten- und Rechtsgeschichte, Basel 1862, S. 28

113 Norberto Bobbio: Vom Alter – De senectute. Aus dem Italienischen
    von Annette Kopetzki, Berlin 2004, S. 35

114 Aristoteles: Rhetorik. Übersetzt von Franz G. Sieveke, München 1980,
    S. 122f.

115 Michel de Montaigne: Essais. Erste moderne Gesamtübersetzung von
    Hans Stilett, Frankfurt a. M. 1998, S. 164

116 Montaigne, Essais, S. 407

117 Jean Améry: Über das Altern. Revolte und Resignation. Stuttgart 2004, S. 45f.

118 Marcus Tullius Cicero: Cato der Ältere über das Alter. Laelius über die Freundschaft, hrsg. v. Max Faltner, Düsseldorf/ Zürich 2004, S. 27

119 Cicero, Über das Alter, S. 45

120 Cicero, Über das Alter, S. 51

121 Cicero, Über das Alter, S. 55

122 Arthur Schopenhauer: Parerga und Paralipomena I. Sämtliche Werke, hrsg. von Freiherr von Löhneysen, Frankfurt a. M. 1986, Bd. IV, S. 588

123 Platon: Der Staat. Übersetzt von Karl Vretska, Stuttgart 1958, S. 80

124 Odo Marquard: Zum Lebensabschnitt der Zukunftsverminderung. Vortrag am 19. Oktober 2006 im Rahmen der Herbsttagung der Deutschen Akademie für Sprache und Dichtung »Radikalität des Alters«. PDF-Datei: www.deutscheakademie.de/druckversionen/Marquard.pdf (abgerufen am 3. 4. 2012), S. 1

125 Marquard, Lebensabschnitt, S. 1

126 Marquard, Lebensabschnitt, S. 2

127 Marquard, Lebensabschnitt, S. 3

128 Marquard, Lebensabschnitt, S. 3f.

129 Améry, Über das Altern, S. 110

130 Dieses und die folgenden Zitate: Améry, Über das Altern, S. 90f.

131 Schopenhauer, Parerga und Paralipomena I, S. 576

132 André Gorz: Der Verräter. Mit dem Essay »Über das Altern«, aus dem Französischen von Eva Moldenhauer, Freiburg 2008, S. 377

133 Simone de Beauvoir: Das Alter, Reinbek 1988, S. 326

134 Schopenhauer, Parerga und Paralipomena I, S. 581

135 Bobbio, Vom Alter, S. 29f.